人除了自己的軀殼需要一個家外，心靈也需要一個「家」，
心靈的「家」，乃是心靈得以休憩的地方。
任何人的心靈都是需要休憩的，
所以心靈有時候不得不出走，尋找自己的「家」……

不純然是為了滿足私慾，男性將性視為是「示愛」的方式，
就像是鮮花、鑽石，或是某種小禮物的涵義，
都是為了表達對女方的愛意。
反觀女性，則不優先考慮性慾的部份，
而是將之視為某種認可對方的「終極禮物」，極其珍貴，不輕易付出。

一個男人永遠也無法讀懂一個女人，
女人的心靈是一個宇宙，男人的心靈不過是一顆星球，
站在任何一顆星球上觀察宇宙，
即使借助望遠鏡，也只是略見一斑。

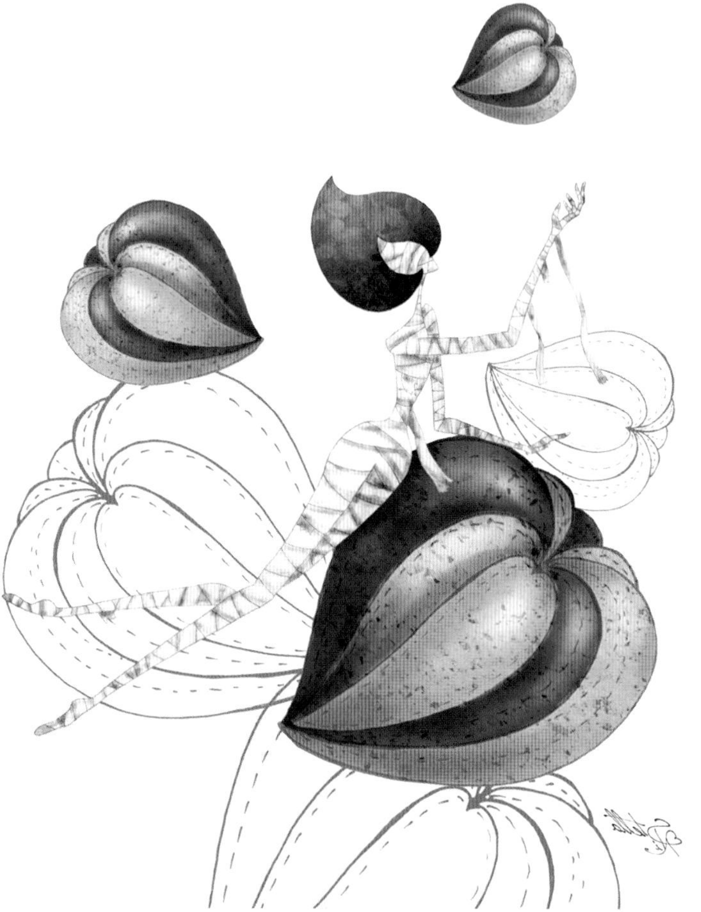

沒有一種人生不是殘缺不全的，
不必費盡心思去追求那所謂完美人生。
任何人都休想抓住一個屬於自己的完整的人生句號。
人的生命在胚胎時，酷似一個逗號，
所以生命的型式更似一個逗號。

兩性心理72變

幸福不會來敲門，
愛你的人總在心靈深處

【前言】幸福的住處，在心靈深處

關於兩性，有一句話流傳許久，你/妳應該也不陌生：「世界最遠的距離，是你在他身邊，而他卻不知道你愛他。」是的，話中詮釋的是：男女之間，往往是實際的距離很近，但是心理的距離卻那般地遙遠。

我的一位朋友，也是兩性觀察家——「愛情島主」曾有妙喻：愛情經常落入四個階段：剛開始不知對象在哪裡的「看不見」時期；等對象出現後，可能又經歷「看不上」的感受，認為自己可以遇見更好的；等到終於接納了，卻又經常爭執，進入了不懂包容的「看不慣」時期；最後可能裂痕擴大，伊人消失，讓人興起「看不懂」愛情的感嘆。發現了嗎？每個階段都讓人不明所以，摸不著頭緒。

如果你問我，生命中的最大謎團是什麼？我會回答你，那是男女對彼此之間的心靈感受，它像是一團迷霧，讓人摸不著、猜不透。巧合的是，本書即將完稿之際，看見報章披露一家英國周刊《新科學家》曾經訪問英國知名的物理學家霍金（Stephen Hawking）。記者問霍金：「每天醒著時，想什麼事情佔據最多的時間？」霍金回答說：「女人，她們是一團迷霧。」這位全球知名的宇宙大師，可以參透複雜的天文物理，卻摸不透女人的內心。瞧見霍金的說法與我長年來的形容不謀而合，心中有些所見略同之感。像謎、像霧，於是乎，對於男女的相愛與相處，我們總如墜入五里霧中，慌亂、茫然、不見去路？

曾經有個朋友問我愛情是什麼？我想愛情，就像忽然有陣微風吹來，帶來一陣清爽涼意，但微風並沒有停留太久卻消失了。我笑著告訴朋友這就是愛情，當你開始忘懷享受著它的涼意時，它卻不知不覺的消失在你的感覺裡，但所幸的是，它已經帶給你通體的舒暢涼意。聽起來，彷若充滿禪意的佛教故事「世尊拈花，迦葉微笑」，沒錯，愛情確切似此，常常只能意會，無法言傳，太多時候的愛情時刻不就在於心有靈犀的一剎那嗎？

人們常常渴望擁有愛情，卻不知道愛情到底在哪裡，讓一段已握在手上的緣份就這樣放棄了，卻要繞了一大圈才發現愛情已在身邊，有一幕電影對白是這樣寫的：「曾經有一份真愛擺在我面前，但我沒好好珍惜，等到失去後才後悔，塵世間最痛苦的事莫過於此。如果上天可以重頭再給我一次機會，我會對這個女孩說我愛她，如果這份愛非要加上一個期限，我希望是一萬年……」。這是聽起來感動卻又令人遺憾的一段話，生命中的遺憾，不正是來自錯解、錯覺與錯放，而讓心靈的迷霧深鎖擴大，從而讓美好的愛情與自己擦身而過嗎？

但請不要譴責自己，因為那是所有人都會犯的錯。心理學的問世，正好提供了世間曠男怨女、熱戀男女愛情航行的迷霧指南與定位座標，讓我們在愛情的不明海象中，得以乘風破浪，順利安抵幸福的彼岸。

生命不免偶有遺憾，但若是明眼人就要減少遺憾，於是，希望參透兩性心理，觀照幽微角落，好讓男男女女「不需猜就能懂」。藉此套書讓天下有情人知道，經由理論與實驗的方式來認識自己與對方，使人們不再疑惑。我始終深信，幸福的住處是在心靈深處，更試圖撥開迷團、解讀心靈的心理實驗或學說，並提供了趣理兼及的詮釋意涵，其驗證的說法會讓我們不時對愛的真諦，與起恍然大悟的通透領略。

德國哲學家尼采（Friedrich Nietzsche，一八四四～一九〇〇）說：「愛之中，總有些瘋狂；但瘋狂中，也總有些道理。」愛情，或許令人匪夷所思，但其迷人亦在於此。你／妳還困惑於愛情的不明所以嗎？你／妳還對愛情的美滿懷抱希望嗎？那麼，誠摯盼望這本書能是你/妳的希望之作！

本書的問世，即是希望能以愛情心理學的詮釋，覺醒普羅大眾，並成世間男女皆適宜閱讀的書籍，願能不負所望！

季璐　寫於丹麥的一家露天咖啡屋

目錄

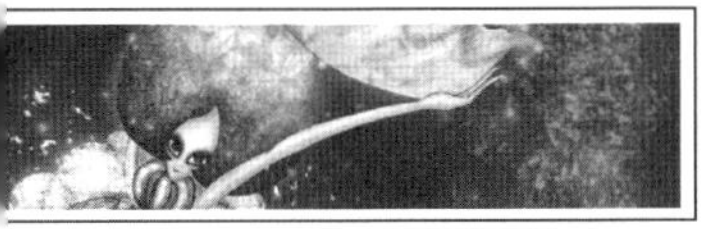

Part 2 戀愛篇
愛情的世界裡不是尋找資優生

Part 3 婚姻篇

樹葉的離開，是風的追求，還是樹的不挽留

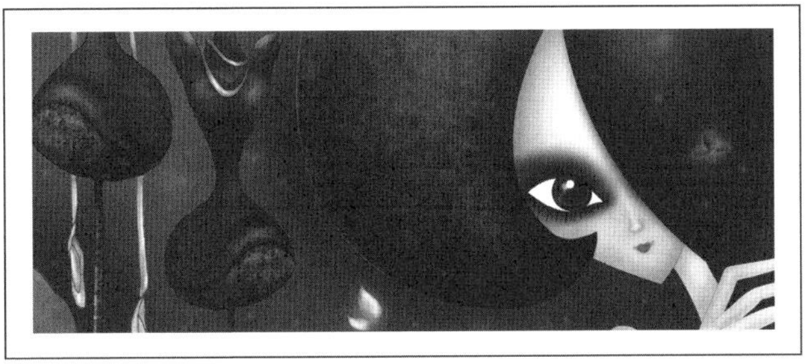

Part 1 心理篇

男人是視覺動物，女人是感性動物

- 每個女人的心裡都藏著一位小女孩，當與愛人相處時，心中的小女孩就會現身，而男人一定知道，和小女孩的相處，總是哄的多，理說的少。
- 我們總是浪費時間尋找完美的愛人，而不是花時間創造完美的愛情。
- 男人要很努力才能征服世界，但女人只要征服男人，就征服了世界。

01 「群眾」與「知音」

【場景一】一位衣著整齊、舉止得宜的男性，站在講台上，對著一群前來聽講的觀眾滔滔不絕地發表演說，他舌燦蓮花、表情生動、出語幽默，台下的人聽得如痴如醉。有位坐在前排的女觀眾，應該是演講者的粉絲，托著下巴，面帶微笑地為演說者的迷人魅力所折服。演說者偶爾將望向遠方的目光飄過女粉絲的臉龐，女粉絲彷彿與心儀的演說者兩眼對望，令她怦然心動。終於，演說結束，演說者被一群觀眾圍住，要求簽名拍照。當然，女粉絲也在其中。「謝謝大家今天的參與，不好意思，我得趕下一場演說了，後會有期。」演說者飄然而去，留下意猶未盡的觀眾，其中當然也包括那位目送他離去的女粉絲。

【場景二】女粉絲有很多心事，但是不知如何向誰傾訴。於是，她翻了電話簿，找到了最近很忙，始終沒時間見面的最好的高中同學，好不容易湊出了時間。高中同學一到女粉絲家，先跟其父母打招呼，請安問好。然後，女粉絲

就忙不迭地將同學從客廳帶到臥房，她不想讓父母聽到心事，只想對著好朋友傾吐。就這樣將同學帶到床沿坐了下來，開始叨叨絮語、傾訴著自己的內心事。

男女之間的行爲差異

讀懂了嗎？男性就像是趕場演講的名人，喜歡對著一大群人夸夸其談，即便台下有個美麗且專注的仰慕者，但時間到了，他惦記著的是下一場的風光演講場合，那是他可以展現自信的地方。而女粉絲呢？對他並不重要，因為每一個演說的地方都有。你會覺得奇怪，男人怎麼好像定不下來，這就是「演說心理學」，永遠趕場、永遠發表談話，永遠可能有不期而遇的異性粉絲，托腮含情脈脈的凝望。而女人呢？女人較不像男人喜歡對一大群人談話，她們喜歡將好友帶到床邊，只對知音傾吐心情。這是女性的行為模式。

男人找群眾，女人找知音。這是我的朋友——「愛情島主」的妙喻。妻子或女友，常常不懂另一半為何定不下來？這觀察就解釋了男女的行為差異。而重要的是，你是否願意隨著他一起趕場，不斷陪伴？而男性是否也願意坐在床沿，只聽著一位女性傾吐心事？若兩者答案皆是，則愛情的相處就會容易許多了。

神機可無，靈犀當有，
若生命是一朵花就應當自然綻放，
若生命好比一隻蝴蝶，何不翩翩飛舞？

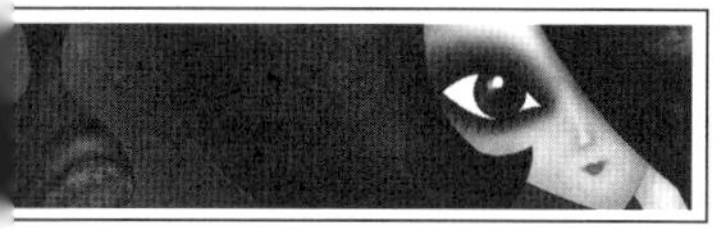

02 女人，不是用來講理的？

心理測驗有過一個問題：女人最喜歡聽男人說什麼？

A：我愛你 B：別擔心 C：你真美 D：我懂

有篇文章在網路流傳許久，大抵說的是，男人會看到妻子跟隔壁鄰居談論事情時條理分明、頭頭是道，但怪的是，妻子一轉身面對自己時，卻開始不講理了起來，耍賴、撒嬌、甚至無理取鬧，完全不可理喻。這篇文章沒有貶抑女性的意思，只是想點出兩性相處的心得與技巧。所以文章的結論是：「女人是要拿來哄的，不是用來講理的！」

如果能對鄰居將事務分析的頭頭是道，那就表示一般人將男性歸為理性思考，女性歸為感性思考的分類方式，就不是很精確的劃分。而精準地說，應該是因對象不同，容易產生反應的差異。愛人與鄰居，當然是截然不同的兩種對象。

外人Vs自己人

凡人常有一種心態是：「我愛全人類，但我不愛隔壁鄰居。」侈言愛全人類者，卻反而經常和鄰居吵架。從心理學的分析，當出現遠近差別時，近的這方，似乎就很難包容相處。相較鄰居與愛人，鄰居是外人，愛人是自己人，同樣地，內外有別的情緒反應似乎完全不能類比。因此，當男人把女人當成鄰居般的說道理，在關係互動上就完全行不通了。被女性搞得投降的男性會不解地想：「這女人怎麼不講理，是個不明是非的糊塗蛋？」然而，這可能是男人的錯覺，只因沒掌握到相處的技巧。

每個女人的心裡都藏著一位小女孩

有人說「女人一談戀愛就變笨」，然而，並非如此。女人在心理上容易原諒、確實容易從感性的角度出發思考事情，有時從外人的角度看來似乎姑息、矇蔽、不理性地溺愛對方、屈從男方，好似只有愛情、沒有原則。表象看似如此，但其實不然，而是女性對於親密的配偶，傾向以更多的包容與理解來相處對待，因此少了原則，多

了相容，因此就形成了「少講『理』，喜談『情』」、讓男人拿她沒辦法的現象。尤其，每個女人的心裡都藏著一位小女孩，當與愛人相處時，心中的小女孩就會現身，而男人一定知道，和小女孩的相處，總是哄的多，理說的少。

男人不妨想想看，當自己與外人爭吵時，愛人會願意為你與對方拚命，即使錯的人，可能是你；但你與愛人爭吵時，愛人也會與你拚命，即使錯的人，往往是她。女人愛拚命嗎？不是，而是女人會為自己的男人付出一切，但當男人與她發生爭執，女人會認為你不了解她，即使她的心裡也知道，錯不在你。女人最需要你的是這句話：我懂。心理測驗的答案就是D。

女人的談話確實感性多些，而男人的談話也趨向於實際理性。男人若以對鄰居的說理態度來面對愛人，談話就很難接上軌，相處就不易融洽了。不聰明的男人，才會以為妻子或女友是對鄰居條理分明的「成熟女人」，但忘了其實在兩人的世界裡，女人喜歡多多現身的是「小女孩」的那一面，而這也是女人在相處技巧上最聰明的一面。

03 巧婦常伴拙夫眠

明明這人其貌不揚、無才無能、生性平庸，卻娶得才貌雙全的美嬌娘，令人對「天造地設」的美好想像，完全崩解！而與美女配野獸不同的是，外貌或許就算了，但往往是聰明幹練的女子，偏偏匹配扶不起的「阿斗」。你不免會好奇，為什麼往往巧婦的身邊都是拙夫呢？無論這是女人的自嘆，或是對他人的遺憾感嘆，從這句古語出現以來的千年一嘆，無不都是「好花插在牛糞上」的可惜感。

鮮花爲何總插在牛糞上？

除了在封建時代，媒妁之言或是土豪劣紳強搶民女所造成的鮮花配牛糞之被迫狀況，變成無奈怨婦以外，心理專家分析，巧婦願意匹配拙夫有幾種心理因素：

(1)「之一」與「唯一」的天性不同：英國浪漫主義詩人拜倫（Lord Byron）曾經

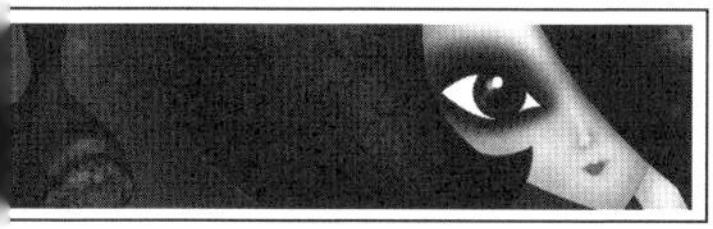

說過「愛情是男人生命的一部份，卻是女人生命的全部」，男性像隻採花蝶，喜歡尋奇獵豔，因此女性經常只被對方視為「之一」；而女性則相對專注，容易將對方視為「唯一」。從天性來說，男女都會尋求最好的條件對象，但是正因為「之一」與「唯一」的天性差異，男性往往較難定下來，守著單一女性。於是，在女性尋覓對象的過程裡，「願意廝守的對象」，往往打敗「最優秀的對象」。稍差條件的對象，讓女生較有安全感，不容易與他人發生戀情而離去。當然，前者的條件可能稍微弱勢一些。

(2)**掌控與安定的心理：**有些聰明能幹的女性，並非不知對象的能力不足，條件不佳。但仍願意委身下嫁，係因為能夠掌控駕馭配偶，減低未來人生生變的機率。

有個新聞恰巧提到類似的故事，一名才貌雙全的女孩嫁給企業家第二代，第二代的資質平庸、長相平凡，娶得美妻後眾人稱羨；但婚後十多年卻感慨，自己彷彿是妻子控制的傀儡，因為聰明的妻子取得了公公的高度信任，公司的大權全部交付在妻子手中。

(3)**母性的光輝：**女性較男性多感且友善，常具備高度的同情心，當遇到的男性能力不足時，反而會激起呵護的情懷，進而出現想保護的心態，在日久生情後，終於「委身下嫁」。

巧婦配拙夫，似乎不是人間圓滿事。總覺得一個黃花大閨女，或是一個大才女，就這麼給糟蹋了；但是，外人只以單一面向做出評判，可能並不盡公平。愛情像穿鞋，適合與否，只有當事人知道。或許，拙夫是個深情種，是個好男人，而郎情妾意，誰說這不會是巧婦的下嫁原因呢？外人認為的「不值」，卻可能是女方的終身幸福最聰明的選擇，這就是愛情的奧妙，只有當事人能心領神會。

04

唐伯虎點秋香之情愛妄想症

唐伯虎點秋香，是傳統的知名小說與劇作戲碼，說的是明朝有「四大才子之首」稱號的唐伯虎，因眷戀太師府的丫環秋香的美貌，更因自認秋香曾經對他三笑留情，故惹得一代才子甘願到華府為僕，只為親近美人。戲碼的結局是唐伯虎得償宿願，終抱得美人歸，而有所謂「三笑姻緣」的典故，但秋香卻不覺得自己曾對唐伯虎三笑留情。雖然，戲劇是以喜劇收場，但唐伯虎倒是可以由心理學的一種名詞來解讀，那就是上篇提到過的：情愛妄想症（Erotomanic Type）。

我一位朋友的孩子在念大學時，就發生過類似的案例。

朋友有個女兒叫筱青，喜歡上大強。

大強是學校的籃球校隊主將，外型陽光，和善有禮，是學校的風雲人物，也是很多女學生的傾慕對象，筱青是他的仰慕者之一。經常送零食、飲料，慰勞打球後的大強。大強對筱青視為是同窗好友，所以每回都很感動地表示謝意，但卻沒有任何的愛情成分。筱青不僅為大強設立了加油網站，而且自己的博客上都是關於大強的生活點滴，當然少不了兩人的合照。

筱青的日記裡，寫滿了對大強的好感與傾訴，對不知情的朋友來說，會認為大強根本就是筱青的男朋友，因為在他們眼裡，看到的都是筱青為大強做的付出。而筱青的言談裡更是三句不離大強，大強任何的舉措，筱青都合理化地解讀為與自己的關係互動，例如：大強的比賽時程沒讓筱青知道時，筱青會跟朋友說：「那是因為他怕我為他的成績擔心，怕我費神搭車去看他比賽，他就是這麼體貼，真是令我感動，也讓我更不能沒有他。」畢業後，大強交了女朋友，筱青的姐妹淘覺得奇怪，是分手了嗎？筱青會說：「沒關係，愛情就是分分合合，我會守著這段感情，總有一天他會知道我的好。」但大強根本沒將筱青視為愛侶。大強出國唸書了，筱青始終單身，她是對朋友這麼說：「我會等他的，我為了等他，已經從大學到現在，即便現在孤單，但一定會守得雲開見月明。」大強在美國結婚了，回國時，筱青把整疊多年來寫下的信件交給大強，大強很抱歉地說：「不好意思，筱青，我們是同窗好友，但我沒想過成為情侶，我現在也結婚了，希望我們還是好朋友。」事後，筱青悠悠地對姐妹淘說：「都

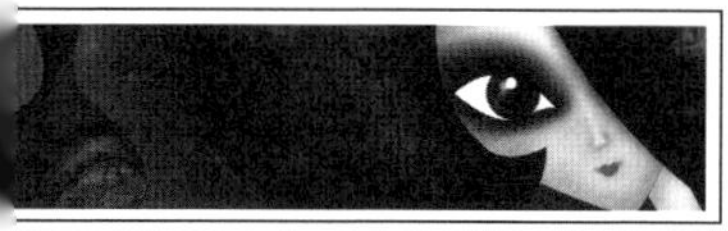

怪大強對我太好，每次打球時都會對場邊的我微笑，我當然死心蹋地呀！」姐妹淘說：「可是他不是對大家都微笑嗎？」

情愛妄想症，會認為是對方先愛上自己，或曾示好留情的一種偏執性格。這情況和單相思有近似，但差異是，單相思在很多情況是健康的，也知道對方對自己到底是有意或無意。但情愛妄想症卻是認為，自己為對方所做的種種一切，其實是肇因於對方先愛上自己，對自己示好，並非是自己一廂情願，或說得更不堪些，自作多情過了頭，似乎就是花痴的行為了。而實際上，對方卻完全無感與莫名奇妙。

愛作夢的女孩，要提醒自己不要淪落為「追星症候群」，這是指彷彿是粉絲遇到了鍾愛的明星，明星對粉絲的一顰一笑，或是某一友善的舉動，都可能惹得粉絲驚聲尖叫，或是另作他想。他們會認為，自己受到明星個別的特殊待遇，於是開始浮想聯翩，以為自己被明星特別關注到了。情愛妄想症是一種自圓其說，自己編劇的心理症狀，對方不會因為虛擬的劇情而感動，但自己卻會因為結局不好，而可能陷入若有所失的悵然空虛。愛情的前提是你情我願，單向偏執都是心靈受傷的最大原因。

05 三Y理論

【約拿情結】

約拿（Jonah）是《聖經》中的人物，是一位不負責任、不傳道的人。上帝拯救過約拿，並賦予他到尼尼微城傳話的工作。原本是崇高的使命，亦是約拿平常的理想，孰知一旦夢想成真，卻又恐懼畏縮不前。對自我欠缺信心，逃避任務。心理學即將這種在成功機遇前的恐懼退卻心理，稱之為「約拿情結」。簡單來說，約拿情結者就是害怕成功，原因是心裡下意識認為自己不配成功，最終放棄了可能的美好機遇。嚴重影響了自我的可能實現。

說來矛盾，當大齡剩女或是所謂的敗犬遇到一個可能締結婚姻的機會，按理應樂於步上禮堂；然而奇怪的是，這時的她們有時反而會恐懼起來，約拿情結作祟，欠缺對婚姻的承擔信心，因此認為自己不配。害怕失敗世人之常情，但也有人害怕成功。心理學確實是微妙的科學。

「這麼多曠男怨女，卻老湊不到一塊兒，真不知是什麼道理？」我的長輩看著自家單身許久的幾個孩子，發出了這樣的感嘆。男人為何「不成婚」？或許可以反問女人為何「婚不成」？（當然將兩性互換，其理亦通）

三Y理論

「我的好友「愛情島主」曾經針對大齡剩女、剩男有個趣解，稱為「三Y理論」。他說，已屆適婚年齡、甚至逾時許久的世間男女，為什麼依然單身，形單影隻呢？原因可能有三：

一是太忙了（busy），無暇顧及終身大事，以致蹉跎了青春。

二是太懶了（lazy），寧可在家當宅男宅女，也不願多花些時間參與社交活動，機會自然就少了。

三是太挑剔了（picky），篩選嚴格，可能就造成了眼高手低的現象。

我問島主，那如何是好呢？他說，「你注意到了嗎？這三Y裡面，還好沒有ugly（醜陋），所以我想說，成雙配對的障礙與外型無關，重點在於是否能不再三Y了。」我聽完點頭稱是。

三Y理論提醒的是，不少人單身的原因，常是相對消極、被動、並且可能是眼高於頂。而若有三Y傾向，但仍渴望有人生伴侶者，很顯然地，他們只能碰運氣，端看緣份了。不積極，只想憑恃天賜良緣，那就是如鐮刀，只想收割，卻不願當鋤頭，勤於耕耘。心理專家早就點出了這種心理，被動的人除非條件太好，否則就只能坐羨他人的美好愛情了。

世上沒有完美的愛人，只有經營出來的完美愛情

美國小說家湯姆．羅賓斯（Tom Robbins）有句詮釋此情境的話：「我們總是浪費時間尋找完美的愛人，而不是花時間創造完美的愛情。」其實，會尋找還是好的，怕的是，只想坐等緣份自然到來。愛情讓人相信緣份，但緣份之說，反而經常誤了大好青春，當我們毫不遲疑地相信老天會賜給自己完美情人時，那就如撿貝殼理論，老

以為有最好、最大的貝殼在後面等著自己，於是眼前的貝殼都看不上眼，邊走邊丟。等到走到盡頭時才發現，原來最好、最大的貝殼早被丟棄錯過了。花時間經營愛情，遠比花時間尋覓完美情人務實。「守株待兔」心理學，不適用在人生成功上，當然對愛情也同樣不適用。

06

黃金比例吵架法

一首在華人地區很流行的歌曲，其中有句歌詞是：「才知幸福是吵吵鬧鬧。」這句話道出了愛情的相處真諦。吵架比冷戰好，「相敬如賓」有時不如「相敬如兵」，因為吵鬧中能知道對方的真正想法。

重點在於，鬥嘴不僅是情緒的發洩，而是能進入對方的想法，感情才會越吵越甜蜜。所以不要怕和對方鬥嘴起衝突、傷感情，在心理學家的研究裡，這可是感情增溫的催化劑。

吵架鬥嘴既然難免，那該怎麼吵得有技巧、不傷感情呢？

一位朋友很幽默，當別人聽到他與妻子吵架的時候，他的反應都是笑著看老婆說：「有嗎？我只是「大聲溝通」而已。」吵架需要技巧，夫妻是兩人一起修了百世而得來的善果，可別讓無謂的吵架壞了生活情緒。

吵架其實是一種溝通

吵架可以視為一種溝通，但為什麼卻有情侶吵架吵到分手？夫妻吵架吵到離婚？吵到後來連雙手雙腳都一起下去助威了。我常比喻，吵架就像打開潘朵拉的盒子，只要開啟就無法關閉，所有隱藏的惡行惡狀都可能紛紛出爐。其實吵架就像練功夫一樣，若不得要領是會走火入魔，也就是愈吵愈無法溝通，愈吵愈失去理智，那你會問怎樣的吵法才能達到溝通效果呢？

吵架的法則之一是『黃金比例吵架法』，就是你罵對方一句惡語，就必須用五句好話來彌補。你會覺得這哪有可能？都已經火冒三丈了，怎可能再說出好話來？不再繼續惡言就不錯了，是啊！但若不這樣精進吵架的藝術，爭吵永遠是噩夢的輪迴。

吵架與心理情緒很有關係。美國情緒心理學家說，「1壞＋5好」的黃金比例，是在吵架中不能少的，若要解決問題就是先讓自己與對方的氣燄軟化，生氣只是要讓對方明白你很在意這件事情的看法與做法，既然目的已達到，就該收起不必要的氣燄，這樣才有溝通的空間。

該如何運用黃金比例吵架法呢？就是在說話用詞上的技巧，也就是前一句責備對方的話脫口而出的同時，緊接著下一句至五句真誠而實際的讚美對方的好，比方說，老公很不耐煩的對老婆說：「時間都快來不及了，你到底還要化多久，等你化好，我們要搭的火車都已經行駛到一半了。」此時老婆聽到這些話氣得火氣也上來，那就真得沒完沒了了，這時你必須說幾句讚美的話來消對方的氣，你不妨說：「但是我知道老婆這麼細心化妝，是為了讓我在別人面前更有面子而不失體面，沒關係！老婆大人你慢慢來，大不了我們坐下一班車就是了。」，老婆這時聽到這番讚美的話，愧疚的心都被融化了，就會加快動作，誰還會沒完沒了呢？所以吵架人人會，但在吵架後又能準確地表意不傷感情，值得每個人認真學習。

從心理學家的理論裡，即若排除玩笑式的鬥嘴，而是真的吵架或爭執，在本質上也是一種「談判」。透過爭執的過程，權衡彼此在乎的權益，算是一種剛性的談判，但是透過爭吵的方式，只要別真的傷了和氣，其實是另外一種磨合歧見、爭取權益的模式。

情侶、夫妻吵架很正常，畢竟生活背景不同，偶爾還是會有意見不同的時候，歡喜冤家總不免會拌拌嘴。吵架的精神，在於就事論事，且以技巧的方式點出在意的事項。切忌翻舊帳、扯進毫不相關的枝節，這是吵架最易造成的嚴重二度傷害。

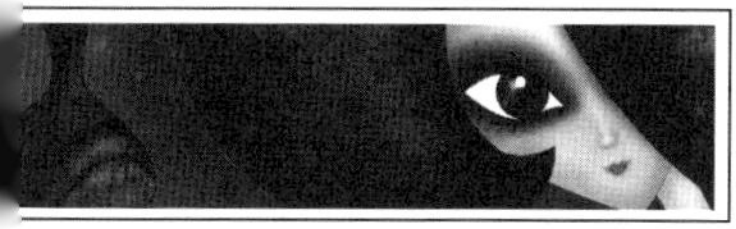

許多的感情經常會出現「情到濃時轉為薄」，罪魁禍首就是不理性的爭執。即若自己有理，也不能口不擇言。尤其，事後無論是誰有理、誰理虧，總要有一方先給另一方賠個不是，這樣兩個人才能冷靜地把心結化開，一起來解決問題。作家比利．喬爾有句名言是：「我絕對是寧當情聖（lover），勝當武聖（fighter）。」打打吵吵，不是好的愛情經營學，但想選擇當個情聖，就得學會吵架的藝術。

07 小禮物 Vs 終極禮物

【女人的柏拉圖式戀愛】

美國威斯康辛大學研究團隊做過一份研究，內容係邀請了八十八對年輕男女友人，回答愛情相關問題。例如受異性朋友吸引的程度，然後研究也針對一百四十位中年男女進行相關實驗。其研究結果是：無論單身與否，男性和異性的友誼是建立在性吸引力之上；而相較之下，女性大多認為和異性之間的友誼是以建立在柏拉圖的關係上。」這項研究似乎證實了一般人的印象，那就是男女之間的關係，要出現純友誼是不容易的。但是，所有的研究只能參考，不能窮盡描繪所有的真相。兩性關係有各種情境，只以一紙研究刻板定義，確有失偏頗之虞。男女之間的相處有各種情境，人類情感的層面是多元而豐富的，這是人際關係的有趣與可貴。純以動物性本能來解釋，也對男性不公允。只能說從傾向上，或許男性的慾望性是可能高過女性看待兩性的關係性。

中文的語句經常有解讀的深意，例如，成語說「男歡女愛」，我們若來說文解字地趣解一番，似可說：男性無歡不愛，女性是無愛不歡。若做此聯想，這倒是可以呼應此篇研究的「中國式兩性心理學」。

男女性愛觀先後有別

接續談談上篇的現象，進一步說明，何以兩「性」對於愛情進展的時程，或說先後秩序有所不同？無庸置疑地，性，是男女互動交往很重要的一環，是兩性親密的催化劑，也是關係的潤滑劑。也因此，對性的態度，成為心理專家研究與觀察兩性心理的重要面向與觀察視角。

在此要介紹的是「性治療專家」的研究說法，根據長期的觀察與探索，一般認為，「男性會想透過親密關係表達愛意，但女性則不同，女性則是有了愛意，才願意表現親密關係。」換句話說，男女對性的認知涵義截然不同。

可以這麼詮釋，有時男性會將性視為是「示愛」的方式，不純然是為了滿足私慾，就像是鮮花、鑽石，或是某種小禮物的涵義，都是為了表達對女方的愛意。但反觀女性，則不優先考慮性慾的部份，而是將之視為某種認可對方的「終極禮物」，極其珍貴，不輕易付出。於是，「小禮物」還是「終極禮物」，就是男女觀念有別的差異了。

長期以來，我們似乎有一種認知是：男人為性而愛，女人為愛而性。男女天性的不同，也明顯存在於對性的態度上。所以女性會將男性視為是下半身思考的動物，而女性彷彿是「先靈後慾」的互動模式。

性治療專家的研究告訴我們，或許只是男女雙方表達的方式與順序不同，而非是對男性來說，愛情，只是帶有目的性的求歡而已。當女性有此認知後，就不宜以為男性只想歡愉，而是表達愛意的方式與女性有別，存有這種理解後，兩性的親密互動可以協調溝通，找到最適當的相處親密模式，就能增進感情了。以智慧警語聞名的美國作家馬森．庫利（Mason Cooley）有句話說得有趣，「友情，是愛減掉性，加上理性；愛情，是友情加上性，並且減去理性。」想要愛情，還是止於友情？關係的拿捏，這句話是不錯的參考。

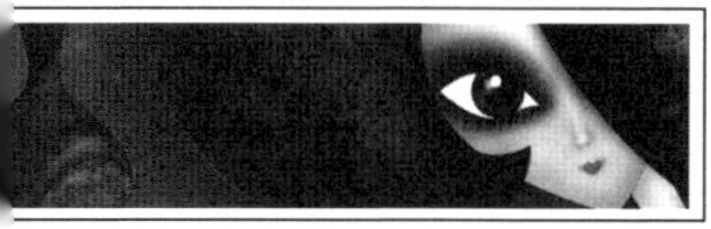

08 熟女愛情「不設防」？

不約而同，在中國、台灣、以及日本的媒體上，都讀到了熟女被欺騙的報導。新聞之所以引起關注，是因故事中被欺騙的熟女，個個學歷高、社經地位好，從社會的標準來看，無疑都是菁英。但是卻有留美女博士相信追求示愛的網友是美國政府高官，枯等著被風光迎娶，也有女企業家相信非洲男假扮的大亨，不斷配合「情郎」的指令匯出款項，還有日本某大學的女教授，相信年輕業務員的吹捧與奉承，在不辨真假虛實的情況下，輕易將學校業務外包，蒙受重大損失等案例。當然，這些事後都證實了是詐騙行徑。詐騙不罕見，但看了這些令人同情的案例主角，令人不禁要問的是：熟女容易欺騙嗎？

小女孩心理

我們似乎很難想像，這些人中龍鳳的優秀女性，在其專業領域上有一席之地，必然有著一定的素質與判斷力，但怎麼在愛情的領域裡，卻像是不設防似的輕易淪陷呢？如果我們把熟女的年紀界定在三、四十歲，可以想見的是，她們今天的社經地位是來自於：從小的努力向學、出社會後的認真工作，一步一步地有了令人稱羨的職位。過程中可能犧牲了愛情，也疏於愛情場域的歷練，於是她們熟悉的是專業領域，而不是兩性世界。等到小有成就，回頭意識到生命中欠缺愛情的層面時，這時候就像是個初入愛情世界的小女孩，一樣有著憧憬，以及喜歡甜言蜜語的心理，擋不住柔情攻勢。好像只要對方給了幾塊糖，就能攏絡的小女孩一般，而原來那些年齡成熟所應有的判斷與理智，似乎都派不上用場了。

若從理論來看，可引述心理學家佛洛伊德的理論。佛洛伊德認為人的心靈是由三個部份組成的，分別是「本我」、「自我」和「超我」。而「本我」代表的是人的本能與衝動，指的是我們心裡或許隱藏一個任性的我，就像一個涉世未深的小孩子一樣，或許不懂事，或許天真，也會為自己的行為找理由。即如上述的案例被揭穿後，有些女性當事人還會替自己辯解，深信對方的身分是真實的，外界終有一天會理解。

入選美國國會的第一位黑人女性雪麗．奇澤姆（Shirley Chisholm）說過，「女性的情感、性，以及心理的定型，是當醫師說：「她是個女孩」時而開始！」不樂見

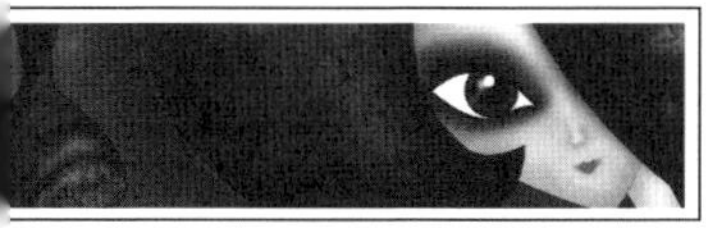

被稱為女孩，所以有了覺醒，才能讓自己真正長大。

生理的年齡漸長，但愛情的年齡卻忘了長大，再加上面子掛不住，且深信向來優秀的自己判斷不致於錯誤，因此執念太重，再加上同輩的異性多已結婚，於是外籍網友的出現，適度填補了寂寞芳心的空隙，或滿足了虛榮感，終讓熟女反成了愛情騙子的覬覦對象。熟女在年齡的壓力下，渴求著愛情，可以理解；但心中的小女孩要快快長大，盡速理解成人愛情的風險，培養同樣專業的優秀判斷力，才會真正尋覓到期盼的真愛。

09

愛情過去式，男女大不同

我有時覺得，女人有愛就有淚，而男人見淚就有愛。前者是女人的愛情，後者是男人的同情，而愛情的發生有不同成因，但，只要相遇或許就是天作之合。

有個對比這麼問：「為什麼男人總是容易愛上被男友拋棄的女人？女人卻容易接受大膽而又玩世不恭、放蕩不羈的男人？」

一種被不少人接受的說法是，由於男人容易動情，只要看著楚楚可憐被男友拋棄而難過的女人，就心生悲憫，大男人的保護心理與氣概便湧上心頭，愛戀的感覺也由此而生。而女人卻為何喜歡玩世不恭的男人呢？認為這個男人會拋棄前女友，是因為前女友無法達到這個男人所要的標準，也就是無法匹配的意思，下意識裡會認為此男人是匹高傲難馴的野馬，若能駕馭得住他，既是征服的自信，也隱含日後就能過得幸福的寓意。

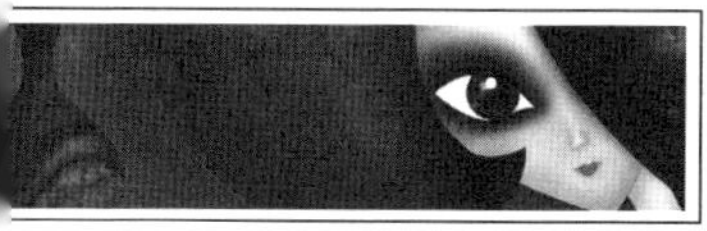

心理學家研究發現，上述兩種心理可能跟男尊女卑的傳統觀念有關。

有個趣味的說法是：「男人要很努力才能征服世界，但女人只要征服男人，就征服了世界。」這句話最好的詮釋就是古代的帝王與寵妃。男人辛苦打下了江山，登上九五之尊，但女人只要向皇帝爭寵成功，就等於間接地擁有了天下。

所以，在傳統社會裡，沒地位的女人，在男女之間只是附屬被動、被挑選的角色，沒有主動權利選擇自己喜歡的男人，所以嫉妒心也非常的重，尤其是在三妻四妾的家庭，當男人把其中一個妻妾打入冷宮時，其他妻妾就竊喜地忖思著，等著有機會可以成為這個男人寵愛的對象，爾後慢慢演變到後來女性今天的心態。

專家表示，男人雖然容易愛上被前男友拋棄的女人，但也對此女人有戒心，深怕女人會用過去受傷的經驗來報復他，所以對此女備感呵護與愛戀，女人反而不會產生這樣的戒心。但有觀察指出，男人會自私地把過去女友跟她的一切回憶徹底拋諸腦後，彷若不曾發生，但卻又在意現任女友過去的一切交往情形。

從歷史的男尊女卑解釋，是遠因說，但現代人自己則另有說法。曾有一位女性受訪者說，之所以能夠接受曾和別的女性交往過卻又提出分手的男性，是因為已有過愛情經驗的男性，會比較瞭解男女之間的感受，所以當他再次選擇第二任女友時，心裡已很明確知道想要的是怎樣的伴侶，相信這次不會選錯。相對地，另一名男受訪者則剖析自己認為：「我會在意女友的過去，是想明白女友過去是因為什麼原因而跟前男友分手的，若她真是受害者，那我會用十倍的愛去彌補她過去的傷痛，但若她是主動分手者，那我會去瞭解她主動分手的原因，並小心翼翼的與她建立新的感情。」

「愛情的本質是一場棋逢敵手」，一切的戰局端看對方而定，所以無論是男人或女人，都可能是強者也是弱者，重點是不要傷害對方，也不傷害自己。如果自己有一天被愛神之箭射中了，希望你不是前者也不是後者，強者與弱者往往都不是愛情的幸運者，因為愛情不會因為你的強弱形象不同而有所祝福，它唯一會祝福的，是會去永遠珍惜它的人。

認識主人心理學，打破從屬關係

男人在潛意識的兩性關係，習於將女人當作附屬，抱有一種「支配心態」。常以為自己就是女性的「天」，尤其是當男人一旦薄有財富、小有成就時，「主人心理」更會蠢蠢欲動、開始作祟，常常得意地認為老婆真是命好，像中了樂透，才會遇到自

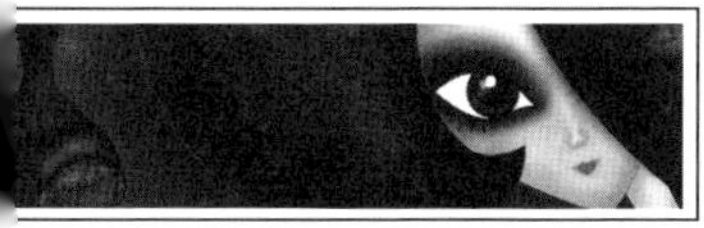

己。

有一個關於美國前總統柯林頓和夫人希拉蕊的傳聞軼事。有回柯林頓和希拉蕊在路上開車。突然車子需要加油，於是柯林頓便駛往加油站。此時，希拉蕊巧遇了她過去相識的男性朋友，巧的是，他現在正經營加油站；老朋友就這麼聊起來了。希拉蕊回到車上後，柯林頓有點醋意地問：「怎麼和個男人聊那麼久呢？」

希拉蕊回答：「他是我以前的一位老朋友。」

孰料柯林頓突然有點得意的說：「幸虧你嫁給我，否則你現在大概只是個加油站的老闆娘！」

反應極快的希拉蕊立即說：「如果我當初真的嫁給了他，他今天已是美國總統了！」

當女人的自我意識覺醒，開始打破了附屬心理，甚至主張女權主義。男女天生本就平等，平等對待是絕對正確的，但也不需過了頭，太強勢的女權主張，甚至與男人作對、抗衡、爭出頭，反而破壞和諧，並不是聰明的作法。學希拉蕊反幽一默，才是最好的相處藝術。

「幸福」是個女性化的詞。
沒有一個女人，任何一個家庭都是不完整的，
人先創造了「女人」二字，才創造了「家庭」一詞。

10 眼神，愛的測謊器

【眨眼的頻率】

曾讀到一個有趣的研究實驗，說明了眼睛可以透露很多心底的訊息。當年美國爆發水門醜聞案後，尼克森總統發表辭職演說。當時的他雖然下台在即，但畢竟是一國之尊，且在媒體的關注下，他一定希望做到力求鎮靜、儀態自若，乍看之下也確實做到了冷靜平穩。但有研究專家以此深入觀察，然後從臉部表情上研究發現，尼克森眨眼的速度很快，較一般的每分鐘五十次更快。顯示的意涵是，他的內心其實相對不安。之後，研究人員還以美國總統大選的八次總統辯論，觀察其候選人的眨眼頻率，你或許答對了，結果是其中有七次眨眼較頻繁者都輸了總統大選。這案例堪稱是政治人物給心理學的一項貢獻。

一位學妹有天來找我哭訴「她的男友變心了」，我有點驚訝的問她：「前幾天還遇見你們牽手逛街，很親密的感覺呀？是你抓到他劈腿了嗎？」「我沒親眼看見，但是他現在跟我說話的眼神，跟以前完全不一樣了。說話都不太注視我，而且眼神很閃爍。」學妹難過地說。學妹是個很敏感的人，對很多事情觀察入微，她的感覺正如「你的眼睛背叛了你的心」，這是一位香港歌手唱的一首歌曲。

男女在戀愛中，若有一方想分手卻不知如何開口，所用的方式就是將感覺放淡，再用話去安撫另一人的情緒，但是被安撫者卻能從安撫者眼中，看見他在說謊閃躲的感覺。為什麼他能從對方的眼神中察覺出欺騙的訊息呢？因為當一個人說謊時眼神是閃爍不定的，所以就能判定他是否說謊與變心。

長期來，心理學家認為，當一個人的眼神向右上方看的時候，就可能是想說謊；若向左上方看則說的是實話；但這項「眼神測謊論」近日卻被愛丁堡大學與赫特福郡大學的研究給否認。但是，不可否認眼神藏有多重涵義，始終是解讀人心的一項參考指標。

心理專家發現，眼神是最佳銷售員，好的眼神宛若優秀推銷員，能打動對方的心。英國研究就發現，男人癡癡盯著自己伴侶看的眼神最美，這證明男人對伴侶的真誠，而女人也能從男人的眼神中看到男人對她堅定的愛，這對女人而言是最大的幸福，遠勝過常買鮮花鑽戒來取悅女人的男人。但最能打動人心的眼神，一旦不再真誠，變化也最為明顯。

男女交往時，不論哪一方都會很在意對方是否真心想要交往，還是對方只將自己視為遊戲人間的玩伴，卻不思承擔任何責任。那要如何察知對方是否真情真意呢？眼睛或說眼神，就是你不能錯看的指標。比方說，看的部位也是一種指標，英國心理學家李特教授說，當男人只注重女伴的身材曲線與外在美時，那就表示，男人只想跟她成為親密伴侶，而不想跟她當長相廝守的伴侶。然而簡單的參考是，對方眼神的誠懇與專注指數有多高？若是眼神飄忽不定，或是注視的時間變短，那顯然他的心思不是在你身上。而若交談的話題又正好是關乎兩人的將來時，那對愛情就得小心提防了。

這道理千百年前就有，孟子說：「觀其眸子，人焉廋哉？」是的，眼睛是靈魂之窗，人的心裡面藏匿著許多的祕密，但會說話的眼睛可以窺探訊息。既然會說話，就要記得，它會說真話，也會刻意說謊話，而且這個觀察指標對男女皆適用。如果你想了解對象的心意真假，不妨靜靜觀察對方的眼神，而且專家建議，多盯著看她眼神幾次，那裡面會透露很多答案，如果你觀察夠仔細入微的話。

11 女人，心太軟

女人，是否天生心軟呢？英國愛丁堡大學研究指出，女性天生就比男性善良，當女性看到痛苦的事物時，自己也會有痛苦的感覺，所以她們第一個反應可能是摀住眼睛，倘若有人叫她去宰殺活魚活雞，看到牠們在垂死邊緣掙扎，不斷抖動的畫面，在「我見猶憐」的女性眼裡是不忍卒睹的畫面。所以她們寧可去菜市場買現成處理好的回來。在醫學上也證實，女性因陰柔的賀爾蒙大量刺激，使得在性情上天生比男性溫和善良。

女性比男性善良的觀感，已普遍被認同，根據研究調查也發現，女性在面對公益或慈善活動時的心態，遠比男性來得更有耐心與愛心，因為男女進化後生理結構不同，致使男女的心理有不同反應。上古時代男性以狩獵為生，必須跟動物搏鬥，女性則在家與小孩共處，用慈愛之心來養育小孩，所以慢慢演變至後來，女性大腦的同理心區塊比男性發達。

精神科醫師指出：「女性腦部額葉有個區域，一直大量被刺激的影響下，同理

心被激發的程度就比男性強，導致社會上誤認為男性一直都是不夠善良的動物。」

從歷史探索以及醫學研究，女性外在的溫柔慈善形象似乎得到了印證；但重點是，不可利用女性的善良特質，進行欺瞞的行為，而女性更不能因為以「友善慈悲」之名，卻沒有智慧地姑息或刻意忽略了惡質男性的負面行為，只有慈悲卻不生智慧，那是「濫好人」經常受傷的最大根因。這也是這篇心理研究對女性的提醒作用——自知，但不自欺。

心理學家觀察的重要現象是，耐心+愛心+同理心，使得女性的心軟找到了源源不絕的補充能量，於是，即使她知道這個男人一直都在欺騙她，也寧可相信男人不是存心故意，並試著把男人的欺騙給合理化，也寵壞了一犯再犯的對方。女人總會忽略男人「三天一反省，五天一發作」的行為慣性，也就因愛而欺騙並傷害了自己。

原諒是至上的美德，但原諒是愛的體貼維繫，可是愛不是姑息的空白支票，可以原諒對方，但不能一直原諒下去妄想改變對方，否則最後受傷的仍是自己。兩性專家經常對女性的一個重要提醒是：不要奢望愛心或愛情能夠將一個壞男人改變成好對象，而是得先慎選對方原本就是一個好人，才會成為好情人。

男女之間善良程度的差異，並不會影響到兩個人的感情，不需為此做任何的比評。男女先天的善良程度多少並不重要，因為只要注重品格教育，無論男女都能提升性本善的天性。只是要多提醒自己，是否因為鄉愿的良善用心反而蒙蔽了真相，挫傷了感情，這才是不划算的感情糊塗帳！

12 真愛近距離

我的一位女性朋友要去相親，婚友社安排的模式是採取一對一的交談時間分配。每十分鐘，換一次交談的異性。十分鐘一到，就換桌繼續面談下一位。婚友的設計是希望能在最短的時間認識最多的異性，讓忙碌的現代人有更好的配對效率。朋友問我，這方法雖好，但是十分鐘能了解一個人多少呢？問得好，所以我想起了求學時，教授談到的「坐姿心理學」。

簡單說，如果今天你被安排和一位男性相親，並對於坐在對桌的他頗具好感，但開口問，怕有失女性矜持，那要如何很快地探知他對你的印象分數，好進一步的因應呢？

脚下有答案

肢體心理學的研究，正好可以解開部份的心理迷霧。肢體動作是心靈的外顯指標，它帶有一定的心理投射，也就成為你猜想的可能答案。舉例而言，享譽全球的英國人際關係大師亞倫．皮斯（Allan Pease）其潛心三十年的權威力作《身體語言密碼》（The Definitive Book Of Body language，另一位共同著作者是芭芭拉．皮斯（Barbara Pease），就有一項觀察指標，提到的是：根據腳的位置與動作，可以解答上述的疑問。

不難理解，當我們對一件事物有興趣的時候，通常會傾身向前，那是對事物好奇感興趣的自然動作。因此，我們的腳會向前伸展，拉近與事物的距離，尤其是右腳更是重要指標。反之，若我們對眼前事物不感興趣，肢體上就不易前傾關注，雙腳自然也維持定位，甚至還會內縮到椅下。同樣地，當對面坐了一位頗有好感的女性，男性的腳就會跨前，那是一種拉近距離，身體透露出的友善好感表示。

專家認為，當男性想表達求愛的心意時，他的肢體語言可能是：伸出一隻腳、兩腿打開，兩隻臂膀也容易外擴，好似顯得精神且端正，在與女性相處的地方，似乎佔了更大的空間比例。

常說，融洽相愛的兩人是「真愛零距離」，但在相親的初識階段，倒是「真愛近距離」。倘若想了解對方是否對你真有好感，那記得，相親時偷瞄一下男人桌下的

雙腳，或許你的相親經驗會更愉快。

女人無論成為一個什麼樣的女人，
都有希望被某個男人充分理解的渴望。

13 男女，性不性

【之一與唯一】

男人喜歡尋奇獵豔，女人則傾向從一而終，許多專家會試圖透過各種角度來解釋此一現象。像是，美國學者羅伯特．萊特（Robert Wright）曾用「進化心理學」（evolutionary psychology）來詮釋兩性差異。萊特認為，兩性生理結構有別，可以形容是前文提到的「之一」與「唯一」。男性的精子多，容易到處留情「播種」，而女性每次排卵只能產生一個卵子，亦即女性像是「弱水三千，只取一瓢飲」的「專一性」，因此會慎選親密對象（配偶）。這理論是從有利繁殖的進化原則出發。

但必須說，心理學與實證科學畢竟有所不同。心理是很微妙的感應器，只能建立某種「可能性」，但「確實性」是要經過更嚴謹的實驗與證明的。類似這種理論的提出，僅是一種成因的推想，斷不能充分解釋男性愛出軌的原因，當然男性也不能以此作為風流的藉口。

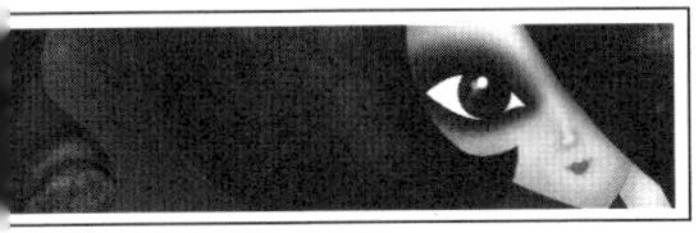

男女愛情進展有速差

美國賓夕法尼亞州立大學心理學家哈里森（Marissa Harrison）的研究指出，男性在數星期內就能愛上對方，但女性則需要數個月才會墜入愛河。而男生比女生會快三倍的時間說出「我愛你」的情話。而在進入親密關係方面，男性在交往幾週內就有此慾望。

男女在戀愛時，男性會想趕快有更親密的接觸，也就是親吻、擁抱，甚至是親密關係的發生；女性只想慢慢來，希望能一步步培養感情，在達到能自我解放的情境後，方能有更親密的接觸。所以，一般的印象是，男性就是精蟲衝腦的動物，老想著那檔事。才剛認識不久，就盤算著如何能即時佔有對方的身體。但不可否認在這個時期，兩性的心理和生理存著很大的差異。

心理學家的研究報告指出，年輕男女對於浪漫的約會測量中，有四成九的男性在第一次約會上感覺不錯，就能馬上決定跟這女孩有更親密的肌膚接觸，而且這個決定可能在當下就會執行；女性只有一成七會出現這樣的反應。

當男性一旦愛上，就會迫切性地需要更實際的生理方面的感覺，而女性則著重於心靈上的感受。從好處看，這樣的男女差異能幫助我們在戀愛過程中，尋求一個平衡點，讓兩性透過理性的溝通、調和，達到最適的妥協性，從而擁有雙方都能接受的戀情發展進度。

【小故事】記得有一篇外國短篇小說就提到與此相關的情境。一天，一對年輕小情侶一起出遊，時間很晚時，他們投宿了一間很老舊的旅館。因為身上的錢不夠，所以只能同住一間房間。入夜就寢時，雖然女孩睡床上，男孩則打地鋪，但女孩心裡暗自猶豫著，若男孩突然撲向她那該怎麼辦才好？後來女孩又想著：「算了！若男孩真想做那種事，自己也躲不開呀！」於是就把被子蓋好，面向牆壁倒頭睡去。

第二天清晨，女孩知道昨晚男孩並沒任何突然的舉動，鬆了口氣。然而，在回家的路上，女孩很甜蜜的看著男孩，並撲上去給男孩深深的一吻，這一吻是感謝男孩對她的尊重，也決定了女孩願意把自己託付給男孩，兩人也有了美好的結局。這則故事或許可以給戀愛中的男性一個尊重女性的美好啟示。

「大千世界，男歡女愛，俗士無知，大驚小怪」，親密關係是愛情的進展，是愛情的證明，也是愛情中不可或缺的要素。但，如果只有歡愉，沒有責任，那愛情只是遮掩慾望的上癮症；而如果只有責任，沒有歡愉，那愛情只是維持表象的憂鬱症。

如何兼容並蓄，彼此協調尊重，是愛情經營的基礎，畢竟兩「性」的心理，真是大不相同。男女交往時務必要好好溝通，尤其是在親密關係方面的需求與衝動，往往是雙方傷害與感情破滅的要因之一。取得共識、循序漸進，是愛情順利進展的前提。欲速則不達，男生要懂得尊重女方，女方除了保護自己以外，也要懂得男性的天性需求，那麼兩個人的愛情才能走得更為長久。

14 審美觀差很大

「這世界絕對沒有眼睛高度（身高使然）、雙眼距離、眼球大小、視物焦距，全然一模一樣的兩個人。所以看事物的『角度』，就很難一樣。」從生理上看如此了，心理上的差異更是難免了。我常說，「男生用『眼』看女生，而女生用『心』看男生。」

我會這麼說，當然也不免有刻板的印象，不過，男生是視覺的動物，女生則是感性的動物，這一差別倒是頗多人同意。兩者的差別其實在於，女生會用心體會對方的「多元優點」，而非僅從單一面向論斷。

心理學的實驗研究，就從男女對美的事物進行分析。發現的結論是，男女差異的主要原因是因運用腦部思考的方式不同，男性的思考方式是左右腦完全分工，例如面對圖像的美感處理，男性就單用右腦思考，而女性則是左右腦併用去審察美的事物。所以男性對美的看法有著偏向而更極致深層的意義，女性對美的看法則是平均多元化的意義。

加州大學曾經研究，他們運用磁振造影技術，觀察人們因視覺接收的訊息，來

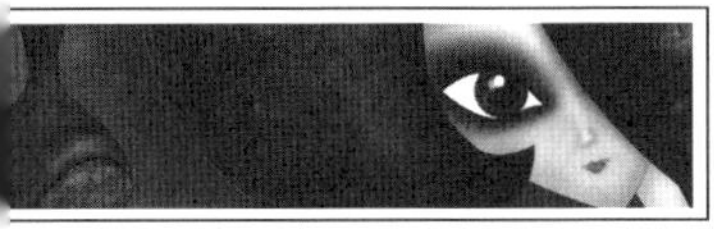

判斷對於腦部所做出的反應。實驗上先讓受測者觀看兩幅截然不同而極端的畫作，一幅是以天堂美景的畫作為主題，裡頭畫的是天使高唱聖歌，所有的人民都回到上帝的國度快樂生活；但另一幅畫作卻是地獄的審判，畫的是有罪的人民在地獄受苦，並受到殘酷的刑罰。科學家發現，男女對這兩幅畫大腦所產生的反應有很大的差異。據此認為，男女審美觀有所不同。

心理學經常探索問題的根源，當發現男女對視覺上的事物感觀不同時，科學家認為可能和原始社會的角色有關。原始社會中，男人的工作就是外出打獵，觀測事物的重點在於分辨出獵物的類別、體型與大小，最後能準確性的捕獲獵物即可；而女性則是需照顧家庭，除用視覺分辨食物蔬果的顏色，還因相同顏色、體型、大小的蔬果種類繁多，必須運用鼻子聞聞氣味看是否能食用，因此發展出較為繁複的辨識力。甚至，當女性因陌生人突然來到，除了運用視覺觀察此人形態外，還要思索此人的企圖心。同樣是觀看事物，兩性的視角及廣度似乎大有不同。

有時候你會忿忿不平，為什麼男生好像只注重外表，看不見你其他的優點，這很可能是某種天性使然。但若問：「男人到底喜歡怎麼樣的女人呢？」，我的觀察答案很簡單，「一是性感；二是感性。」前者也包括女性的美麗，但感性的女人，依然有著很大的魅力。所以內在並不是完全派不上用場。不要氣餒，多些時間、多些方式展現自己的優點，人非草木，男人一定能看到你的其他美麗。對男性朋友來說，徒具美麗的女人未必是良好的伴侶，男人一定懂，但卻經常忘記，得多提醒自己。

15 「醋控」心理學

【爭到千秋，也爭一時】

一九四五年八月十四日二戰落幕，一張身著水手服的美國士兵與一名妙齡女子當街摟腰擁吻，這個舉動被拍了下來，同時成了大戰結束的經典照片，並且是時代的共同記憶。世人關心，這對當街擁吻的男女是否終成眷屬？半個多世紀後出版的新書揭曉了答案，男主角是孟多薩（George Mendonsa），當天正要赴和情人佩特里的約會，因得知二戰結束後立刻來到紐約時報廣場街頭狂歡慶祝，他見到迎面而來的牙科助理謝恩小姐（Edith Shain），一時忘情而親吻了她；但他的正宗情人佩特里也在照片裡的人群之中見到此景。

孟多薩與佩特里結縭至今，只是，妻子仍對當年老公的瘋狂舉動流露醋意，她受訪時是說：「他從沒那樣吻過我。」有趣的是，這對滿頭銀髮的老夫老妻家裡，還擺放著模擬當年經典擁吻動作所製作的玩偶。

不管時光流逝多久，愛人也並未琵琶別抱，爭到了共組家庭的千秋，但那一時呢？女人還是得爭。只能說，擺放了一甲子的醋意，到老依然濃。

實際與精神

愛情的各種滋味裡，一定少不了酸酸的醋味，愛吃醋是男女的共同口味。然而，男女雖然愛吃醋，但醋點高低似有不同，男性重於「實際」，只要真實看到身邊的女人跟別的男人眉來眼去，動作有些親密，一股醋勁之火就湧上心頭，或許就直接衝上去不問緣由地興師問罪。而女性重於「精神」，只要在晚上睡覺時聽到老公做綺夢說夢語，可能就浮想聯翩，有時一股嫉妒之火陡升，開始懷疑老公在外有外遇，愈想愈生氣，於是不管早已夜闌人靜，硬是叫醒興師問罪，沒有滿意的回答就讓你不得安眠。

上述的醋意對比並非指女性一定有吵鬧的舉止，而是說女性的敏感，容易使醋點極早發現，而男性則常是從眼前的景況上演，後知後覺地有了醋意。

醋意演化趣解

用進化學的角度來說明醋意的由來，有一說是，男性在遠古時代把女性視為傳宗接代與解慾的對象，所以那時女性是備受呵護的，男人可以失去一個家或一個部落，就是不能失去女性。因為有了女性，就會有新的生育，有了生育，人口就會增加，新的部落又將產生。或許因此，對女性的離心離德，顯得敏感而強烈。那女性呢？因為生育孩子以家庭為重，所以比較在意身邊的男人，是否會照顧這個家庭，看重她與孩子。心靈層次的倚賴，或許就是女性對精神的重視由來。

專家另有新的解釋，認為環境上造成的因素，也會影響性格發展的層面，比如教育、人文素養，以及環境變遷，都會影響性格的發展，進而改變「醋意」在男女心理的形成原因。

若是把「醋意」型的人分為兩種類型，一是「獨立型」，另一種是「尋求安全感」類型，但這兩種類型都不分男女。曾經有研究結果發現，獨立型受訪者中有六成五無法接受身邊的另一半，有實際與別人眉來眼去的親暱暗示動作；而那些尋求安全感類型的人，有七成七的受訪者無法忍受身邊的伴侶，晚上睡覺做綺夢、講夢話並認為夢裡的對象絕對不是自己。若再進一步地將這兩類型以男女的方式進行分類，那麼重於實際被男方背叛感覺的女性，比那些只是精神上感覺遭遇背叛的女性比例高於四倍多，男性則高於五十倍。這項研究是經過四百位受訪者而得出的結果。說明了——男性重實際，女生重精神的偏向性。當然，若背叛確實發生，無論男女都會醋意橫飛了。

在男女交往期間是醋點最濃的時期，就像是靈敏的「觸控」面板，一觸及就立刻有反應。只要對方的異性朋友走的稍微近些，自己就開始胡思亂想、疑神疑鬼，甚至不加考慮衝動行事，經常就傷了好不容易建立的感情。醋點控制不好，心靈面板就操控失靈，從而形成分手的序曲。在意對方是好事，但心中若真有疑問，一定要找個機會問明白，既能解惑，也能傳達自己對配偶的愛意。任何滋味都一樣，適度的添加才會是最好的口味，醋意的拿捏，是經營兩性關係的高深哲學。放著老公與妙齡女子擁吻的玩偶，佩特里是有度量的，但卻又流露出吃味的醋意，這就是身為女人的矛盾，但也是向老公表達豁達大度與在乎的高明藝術。

16 真愛一年六個月

你/妳知道嗎？在印地安有一個部落是黑腳族（Black foot）。這個部落有一項很足以啟示世人的傳統智慧，就是所謂的「贈與」（give away）。他們有一個盛夏的節慶稱為「太陽舞節」，在一年一度的太陽舞節慶中，黑腳族部落可是會為了這一天的到來，而整年辛勤的工作。他們會存下財物，為了這天做好準備。當節慶來到，他們會喜悅地端出一大盤食物與族人分享。在這個部落裡，所謂「有錢富裕人士」，其定義就是：極慷慨地願將財物或是想法與別人分贈與分享。因此，部族裡最受尊敬的人，多是付出最多的人。藉由分享與分贈，可獲得榮耀、與尊敬。

道理其實是相通的，懂得分享的人經常是被愛的最多的一方，以為的付出往往是回饋到自身身上。兩性愛情亦復如此，不要擔心愛情的熱度早逝，持續付出的同時，就是愛與尊敬的持續享受與回報。

愛情保鮮期

常年研習心理學以來，經常讀到一種類似的說法，那就是：熱戀時，大腦的變化猶如吃了迷幻藥，會產生異於平常的「迷幻感覺」，因此愛情就像迷幻藥，當藥效退了，恢復正常，愛意就減退了。這類說法對愛情的保鮮期，估計不一。有一說是，男女之間的愛情只能保持三十個月。

這讓熱戀中的男女難以置信，認為怎麼可能？但是過來人可能會說，除非他們沒有真正愛過，否則當「利多出盡」時，愛情就像股價一樣開始下跌。

當然，許多情侶或是配偶對這樣的說法提出諸多的反證，理由就為了要證明愛情不是只有三十個月的新鮮度。可是想想，當我們聽到一對戀人親暱地竊竊私語時，若不慎聽到他們的說話內容，大抵會覺得都是些「無聊」，且不具生活意義的小事，但情侶兩人卻無語不歡，說得盈盈笑意，滿臉幸福洋溢。旁人無感，認為無聊透頂的話語，卻是兩人分享甜蜜的催化劑。這就是愛情。可這對情侶戀愛時說的話，若放在婚後，可能沒多久，就完全引起不了對方一丁點的興趣了。愛情到哪去了呢？

美國心理學家就針對熱戀中的男女進行了調查及研究。研究後指出，男女間真

正愛情的續航力只能維持十八個月至三十個月，一旦過了這段賞味期，親密度就像強弩之末開始下降，為什麼會這樣呢？

心理學家分析，男女在戀愛初期，對彼此的好奇心極高，由好奇心驅使刺激感，會出現緊張、害怕、手心冒冷汗的現象，也就是俗稱的又愛又怕受傷害，對於男女成熟的性特徵更是好奇，並急於探險與嘗試，像是牽手、擁抱、接吻或更進一步的親密；但是一段時間後好奇感就會慢慢消退，就算擁抱或接吻，也不會像當初那麼緊張了。

科學家分析說，這可能與人類大腦裡的三種化學物質有關，也就是多巴胺、苯乙胺和催產素。當男女開始產生感情時，這三種物質會同時在腦內裡分泌出來，除了會讓人感覺愉悅、滿足、神清氣爽，也會有緊張刺激的感受，然而經過一段時間後這三種物質會慢慢消失，就像沁心的香水，再濃郁都將揮發終至無味。靜待一切心態都歸於平常，而之後男女也不再需要熱戀的感覺，取而代之的，就是情感的相互融入與寄託。

若專家說的是真的，那就應該要注意自己是否對另一半有這樣的感覺？如果是，不妨改變一下生活方式與對待方式，這樣一定能增加彼此的情趣，更能重新啟動愛的電力，回到初戀時的那種感覺。愛是多元豐富的內涵，即若如研究所說，激情的戀愛感消退了，但取而代之的是關懷、熟悉以及體諒，許多白頭偕老、永浴愛河的例子就是學習的最好典範。

17 斯德哥爾摩症候群

一九七三年八月二十三日，兩名有前科的罪犯在意圖搶劫瑞典斯德哥爾摩內最大的一家銀行失敗後，挾持了四位銀行職員，三名女性和一名男性。挾持期間，搶匪用槍恐嚇及威脅人質，行動完全受其控制，這段時間人質和挾持者開始有了交談，也認識了彼此。最後在警方與搶匪僵持了幾日之後，因歹徒放棄而結束。

事發幾個月後，這四名人質依然對搶匪心生憐憫，人質不僅去探視挾持者，還有兩名人質在訊問時幫挾持者辯護，最令人難以想像的是，其中一名人質在搶匪出獄後委身下嫁。日後，擄人者與人質之間的這份感情結合，就被稱為「斯德哥爾摩症候群」（Stockholm Syndrome）。

這是一個很知名的案例，後來還曾被拍成影片，最引人好奇的是人質的心理反應與現象，也有許多研究提及並探討原因。

有時候報章會出現一種新聞，內容是男女一起作惡的鴛鴦大盜。女方有時候還出身良好，家境富裕，但卻因為男朋友作姦犯科，竟也同流合污一起為惡。當我們事後看故事的回溯時，多會提到，女方曾經勸導男友改邪歸正，但勸服無效後，反而成了共犯，甚至開始替男友的行為合理化，終至兩人一起沉淪。

有很多研究剖析斯德哥爾摩症候群的原因，有人認為是挾持者的「英雄氣概」之假象迷惑了人質；也有人認為是因為受虐狂的心理投射；或者認為是女性的善良，認為可以感化對方；也有人認為是由於人質感謝搶匪並沒有實際地加害他們，還給予通融照顧，而心存感念。就像案例中，那些人質甚至反過來責怪警方。倘若用一句話來詮釋斯德哥爾摩症候群，就是「認同加害者」。被害人會將加害人的言行合理化，從而產生依附的心理。

人的心理很複雜，甚至匪夷所思，很難論斷人質為什麼會愛上搶匪？我提出此一心理現象的原因是，有些長期遭受家暴的女子，卻不怨恨施暴者，反而替對方的行為合理化，甚至引咎自己。專家曾經就許多案例中發現，這很有可能是情感依附的匱乏，所以只要施虐者略施小恩小惠，當事人就會心存感激，也很難離開，因此出現了依附施虐者的心理現象。

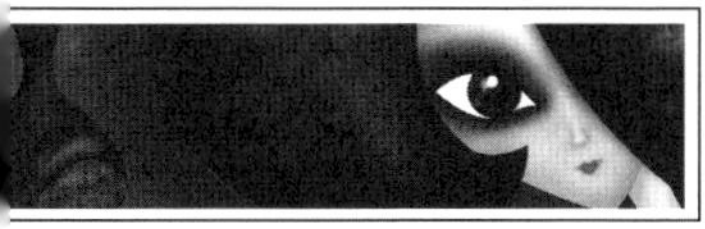

斯德哥爾摩症候群的負面衍生效應，可能會產生「暴力循環」。例如，有些人從小出身於暴力家庭，在父母的暴力下長大。初見時，乍看之下，他們容易顯得和氣內斂，甚至自制，尤其在遇到權威的時候。但一旦有掌握的可能，或是遇到弱勢的對象，反而會出現模仿暴力父母的言行，繼而對他人暴力以對。女性們，要注意自己的心靈狀況，若真遇到配偶的暴力傾向，應該要注意是否會陷入斯德哥爾摩症候群，千萬要避免落入心理盲點；另一方面，對於交友擇偶也應更細心觀察與檢視，許多婚後家暴事件在追本溯源時，都可回溯其原生家庭的根因。認識症候群，是自我保護的兩性功課。

18 四個巧時機

「女人心，海底針」，這是你再熟悉不過的名言了；「女人是情緒的動物」，也多半是你對女性既有的刻板認知。當你對女人示好求愛，女人總遲遲不答應或者猶豫不決，讓你無所適從，不知如何是好？有時候，也不知哪句話錯了，前一秒鐘還有說有笑，後一秒鐘就翻臉了，害的男人丈二金剛摸不著頭腦。這或許就是女人吧？但也正因如此，兩性才有互動與探索的樂趣。

女性心理學，或許比男性心理學還需要時時進修，但是心理專家說，只要時機掌握得恰好就是求愛示好的祕訣，因為女性心情的感覺是需要看時機與時空的！摸透「巧時機」，就有很大的成功機會。心理專家歸納的四個主要巧時機，綜合介紹分別是：

(1)**身心俱疲時：**適時的安慰，是絕對關鍵的芳心竊取時刻。女人多希望在她們身心疲憊時，有一雙結實的手能夠緊緊的抱著她，給她呵護；能有一顆心，專注傾聽她們的心情，在女性心靈最脆弱、感到孤獨的時刻，就能夠很容易地與女方拉近距離，甚至表達你的愛意。這並非趁人之危，而是人心都需要慰藉。但要注意的一點是，不能選女性最疲累、最精神不濟的時機，這樣會有反效果出現。

(2)外出遊玩時：換個時空，換個心情。人皆如此。女人有時候較男性重視熟悉的穩定環境，相對較少嘗試或改變其他生活方式。要是能帶她們出遊，在陌生的新環境下，容易有好情緒的產生以及莫名的感動，這時男性向女性表達愛意通常成功率會明顯提高。這也是何以男性要求婚時，多會設計某種浪漫場地與時機，而女方總會驚喜答應的原因。

(3)狹小空間內：專家說，狹窄的空間也能成功的向女性求愛示好。那是因為男女共處一室時，若空間狹小，這時彼此的對望會產生無形的尷尬感，若男人抓住這個時機點做出表意動作，女人往往是很難抗拒對方的示意舉動。

(4)約會餘溫時：女性在與男性約會時，若男性直接當下就向女性表達愛意，女性通常會猶豫不決，遲遲無法做出決定，所以這也不是一個很好的示好求愛時機。可能的失敗原因是，儘管約會很甜蜜，但謹慎的女性對你可能還有一絲絲的疑惑，還是無法完全把自己放心交給你。最好的表意時機，或許是約會後尚未退卻的甜蜜餘溫尚在之時，此時無論是用何種方式繼續跟對方情話綿綿，都可望有不錯的延續效果，這時向女人示好求愛的成功機率就會增加。

至於選擇搭配的時段呢？黃昏是不錯的選擇。黃昏時，在瑰麗霞光的映射下，光線迷人，最有氣氛，心情也適時放鬆。專家研究，這是一天當中最浪漫無比的催情時光。對排訂約會提升兩人感情，擁有很好的效益性。古人說的「人約黃昏後」，確實有著科學的驗證。

男人或許說：「怎麼這麼麻煩呢？」不麻煩。本來任何事情都是「做的早，不如做得巧。」尤其找個宜人的好時段絕對會替自己加分。懂得適時的表意，掌握女性的心靈，才是愛情成功的勝機。察言觀色，是男人必修的愛情學分。

19 溝通行為心理學

男人說話簡潔俐落，幾語就交代完畢；而女人說話繁複細膩，一再提醒，這是不少人的簡單兩性二分法。導致的結果就是，男女溝通不良。

男人溝通時簡潔清楚，也正因如此，造成有時在溝通上思想會呈現單一化或是簡化的效果，而且毫無繼續談下去的耐心，認為已經說得夠清楚了；而女人的溝通方式就不一樣了，女人可以在一個話題上重複討論多次，或許最後討論的結果會是跟之前一樣，但討論的方式卻又不一樣了，這就是男人一直搞不清楚女人為何能在同一個話題上不停的表述與訴說，說過的事情甚又重複，而女人也很生氣男人為何不懂她在這個話題上所要表達的另一種含意，好像話總沒說清楚；於是雞同鴨講，毫無交集的兩性對話時常發生。

澳大利亞語言專家皮斯認為，男女在進化過程中所需的因素不同，再加上後天教育的方式不同，這種情形延續了千百年，一直到現代，男女在溝通上仍存在著亙古不變的矛盾，而其問題出在說話的方式。

語言專家解釋說：「女人在說話時會有很多種方式，而男人只有少數的幾種」，比如，一個話題它可能像是驚嘆號，也可能是個問號，這是男性所可以清楚分類理解的；但女性可就不是這樣了，女性能從一個話題的驚歎號轉變成問號，再從這個話題的問號衍生出另一個話題的驚嘆號或問號，不僅如此，還要加上聲音的調配與變化，衍生出其他句子的表達方式與使用，這使得一個話題可能充滿千變萬化的說法與寓意，這就是男人為何不瞭解女人在同一個話題上在說什麼的原因。相較男性，女性天生對語言表達充滿變化，只是用在兩性相處時，就不免令男性有時難以理解與掌控了。

細究起來，或許是在進化過程中，女人在語言及心思層次上的進化遠比男人多很多，而男人的進化層次則主要在於指出問題關鍵性的功能上，能夠很準確的切入問題的核心。這又回到遠古社會的兩性角色差異，女人為了要照顧家庭，應付生活上很多瑣碎的事情，再加上突如其來的危機，必須俱備臨機應變的能力先保護好家庭，而男人只要外出捕獵、工作，把金錢和食物帶回家就好了。女性職司的任務繁瑣，而男性的功能性較為單一，於是衍生出溝通表意方式的根本上差別。

當讀完這篇的說法，千萬不要認為男女溝通上的矛盾已是很根深柢固的問題，再難更改了。生理與心理進化結構上的不同，形成了這樣一個先天性、難以跨越的溝通障礙。學，然後知不足，學了這個說法，就要找出溝通欠缺圓滿之處。男女都應學會聽懂對方的表達方式並接受或尊重對方的想法，就好像學習他國語言時，除了怎麼念之外，還要懂得對方詞句的順序排列，這樣別國人才會聽懂自己的表達。兩性的溝通亦復如此。

20 口紅指數

經濟與投資學有一個庶民觀測指標，稱為口紅指數（Lipstick Index）。口紅指數意指在經濟不景氣的時候，儘管女人的荷包縮水，消費意願減弱，但是基本的化妝是種職場禮貌，抹上口紅簡單且顯得精神，因此，雖然沒有錢買其他的護膚保養品與化妝品，但口紅仍是不能不買的基本配備。於是，口紅指數就被視為是經濟發展的一個「逆向指標」。

男人可能懂經濟投資學的口紅指數，但或許不懂女性心理學的口紅指數。因為男人可能會有個疑問是：「怎麼經濟這麼差了，生活又拮据，她還非買口紅不可？」答案正是口紅仍讓女人顯得氣色好，可兼顧社交禮儀。

熱辣紅唇的性感魅力

若問，女性的五官上哪個部位最具魅力與吸引力，有人說是眼睛，因為眼神會放電？但是根據英國一項研究顯示，女性最有魅力的部位是嘴唇，尤其是擦了紅色口

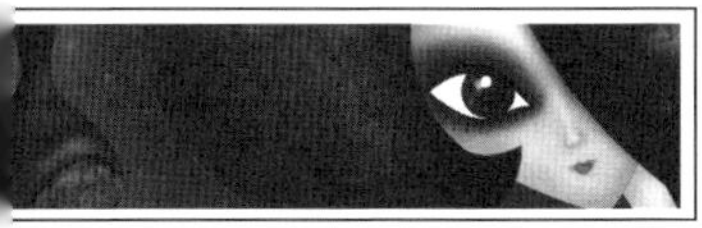

紅的嘴唇更具誘惑力。

附帶一提的是紅色的魅力。美國羅徹斯特（Rochester）大學的心理學教授安德魯・伊理亞特（Andrew Elliot）與研究員丹尼爾・尼斯塔（Daniela Niesta）曾經透過五個心理學實驗，證明了紅色會讓男性覺得對女性更能傳情。

這兩位學者是第一次提出了人類社會長久以來愛情與紅色的經驗性的支持印證。從用於遠古時代儀式的赭土、到今日的紅燈區，再到情人節的紅心象徵，數千年來，跨越許許多多的文化，紅色都與慾望的熱情及浪漫的情愛有關。他們的實驗主要是發現，顏色之於行為的關係作用。

簡單來說，紅色具有催情作用，比如研究中就顯示，非人類的雄性靈長類動物，特別吸引展現紅色的雌性同類。如，母狒狒和母黑猩猩，當牠們接近排卵期時，身體會顯著發紅，這會傳遞出性的訊號，並從而吸引雄性同類。人類亦然，實驗中讓女性模特兒穿著不同顏色的衣服，請男性進行評分，結果身著紅色衣服時的女模特兒得分最高。研究的結果刊載於《性格與社會心理學》期刊（Journal of Personality and Social Psychology）。

英國的研究就指出，當看到女人擦口紅的雙唇時，男人便會開始產生性幻想，所以它能挑逗刺激男人，此時男性就會希望跟這位女性多聊一會兒。所以，從心理學來解釋口紅消費行為，就能說得通了，因為口紅的確讓女人增色。

研究顯示，男性與女性初次會面時，有大部份的時間是把目光聚焦在女性的雙唇上，若是擦上紅色系的亮眼口紅，男性便會主動將自身坐的位子移動至靠女性比較近的地方，從而增加親密感。那髮型、眼睛的吸引力呢？據稱都比不上兩片朱唇來得有吸引力。嘴唇也是女性求助於整形手術的重要部位，或許女性也認同嘴唇的魅力。或許這也證明了擁有性感雙唇的影星安潔莉娜．裘莉（Angelina Jolie）何以得擁如此巨大魅力的原因了。

男女交談，研究認為男性目光大多數時間是放在女性的雙唇上，而禮儀書上本來也教導我們，與人談話，若不好意思盯著對方眼睛看，其實可以將目光放在對方的嘴巴，避免尷尬。另外，也有認為東西方對此標準有所差異，東方男人的目光就比較喜歡看女性水汪汪的眼睛，那種水汪汪的眼睛會讓東方男性非常著迷，也惹人憐愛。另外，或許研究還需進一步的分析，當女性未擦拭口紅時，雙唇的吸引力是否就會下滑？以及素顏時，嘴唇是否仍俱備獨佔男性目光的優勢？

但無論如何，嘴唇確實是女性很重要的魅力部位。尤其紅色能使自己更受青睞，對女性來說，若身邊真有心儀的男性，卻不知該如何表示時，不妨試著以口紅讓自己的美麗加分，或許因此能得到驚喜的回應。

女人都喜歡照鏡子，自我感覺良好；
而男人對著鏡子，卻如同面對一個陌生人，
他往往需要透過女人來肯定自己。

21 女人是直覺的動物

三分鐘定終身

我常戲稱，女人是直覺的動物；男人是遲覺的動物。原因即是女人的靈性極高。有此一說，女人只要短短的幾分鐘，就能知道眼前的男人是不是她未來的伴侶，這種事聽起來很荒謬，或很玄妙。但卻有很多女人為這直覺的判斷深信不已，但已有研究報告為我們解開這項謎題。這是經過研究三千名成人自願者所得出的結果。

女人若在初識乍見的短短幾分鐘內，一眼判定這個男人會成為她未來的老公時，這種一見鍾情的認定是很少會被改變。我的教授曾經說過：「男人用眼睛選對象；女人則用心靈感知對象。」女人的直覺像是昆蟲的觸角，既敏銳又深刻，一旦觸及，該獵食、該逃跑，很容易便形成堅定的認知。

女性的感性與理性

研究發現，女人評斷男人從內在到外在，只需花非常短的時間，就能感覺對方究

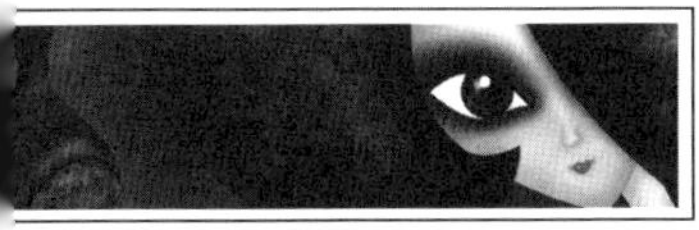

竟適不適合她。換言之，女性的感應力很強烈，這是女性特有的感性能力；但研究也發現，當發現對象真的適合自己，女人也未必很快地就接受這個男人，一方面是女性的矜持；再者當然得視相處的實際狀況而定，此研究似乎又證明了女性的理性層面。

在幾分鐘內就能判定自己的真命天子，意味著女孩的擇偶方式很直覺，且會傾聽本能的聲音。不過，男性們也別為此失望，認為第一眼很容易就被心儀的對象淘汰出局。聽聽研究的另一項結論：「若是沒被這深刻印象選上的男人也別失望的太早，因為女人仍會給機會讓你有所表現來打動她的芳心。」簡單地說，女性的感情世界絕對可以接受「日久生情」的發展模式。

是的，一見傾心、真愛認定，是女人的特有本能，但感情的內涵與成因其實是很複雜的，甚至若只因一時的好感，反而會有極端的發展會讓自己招架不住，甚至受傷。所以固然初次的好感很重要，但還是要按部就班、循序漸進比較理想。「覺得適合」是一種心靈的綜合認知，但「真否適合」則要接受很多情境的考驗。

愛情可以感性，但是理性的焠鍊，可以讓兩人經歷過各種的考驗，才能知道彼此是否真的相愛與適合相處，從而為真愛奠定堅實不渝的永恆基礎。

22

囧男通病：愛面子，勝於愛女子

女生對於追求她的男性若不具好感，常會說：「這男生怎麼這麼臭美、厚臉皮？又喜歡自作多情。」女性的認知有實驗證明，男人比女人確實容易自作多情。

男性總是愛「自作多情」，有一說是因男人天生就有一種自我的優越性，它會讓男人產生自大與自以為是的心態，而科學家也證實了男性傾向「自我感覺良好」的論述。

科學家曾有過這麼一項實驗，實驗內容是讓受測者看將近三百張的異性照片，照片分成「我想和你做朋友」、「我願意跟你交往當男女朋友」、「我感到非常難過」、「我不喜歡你追求我」等選項。而接受測試的人有男有女，他們必須針對照片上異性的表情重新做分類，結果顯示，受測的男性會誤解「我想和你做朋友」這個類別的異性照片為「我願意跟你交往當男女朋友」，當成真實的想與自己交往，而這樣的誤解率，男性有百分之十二，女性則不到百分之七。這是美國耶魯大學和印第安那大學對十七歲左右的二八〇名男女大學生所進行的測試。

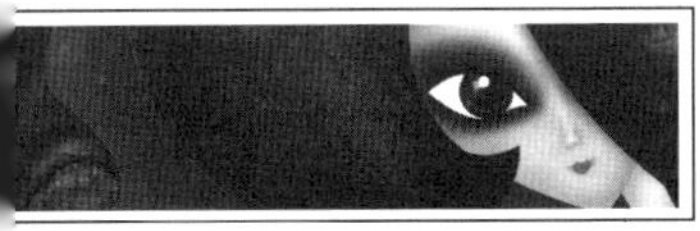

一直以來，男人多扮演主動者的角色，因為主動，所以需要先觀察女性的行為與心態，只要女性不經意的做出某些舉動，或說出了讓男人心動的話，男人都會表錯情、會錯意，錯誤的把這些當作暗示追求她的意思；相對地，女性較不容易產生這樣的錯覺，是因為女性在解讀他人的肢體語言的能力上優於男性，而女性是處於被動的角色，當外在資訊一來，較能冷靜的判讀出資訊的真假或事情的涉己關聯性。

這項實驗似乎讓男性應該引為警惕，避免太容易自作多情，自以為是；但從女性的友善心理解釋，若男方真有誠意，女方往往願意給男生追求的機會。

很多男人之所以經常沒有找到好的姻緣，有一個心理障礙是「愛面子，勝於愛女子」。臉皮太薄、自尊心太強，不願放下身段，一次遭拒就永遠退卻。於是，美女自然被「自作多情、大膽示愛」的男性追走了。

說起來，自作多情也不是那麼不好，因為這也是追求的開始。也唯有主動或大膽的表現自己，才能讓對方知道你的誠意與熱情，就算剛開始對方會認為你是在自作多情而惹人笑話，但是慢慢的，對方卻因你的多情而看見了你的真誠，對方也會開始想要接受你，最重要的是要小心翼翼的推銷自己，這樣才不會把對方嚇跑了。

23

「心口不一」的女性心理

眾所周知的一種情形，當女人嘴裡說「No」的時候，心裡往往是說「Yes」，也就是女人的心理投射不時會有 Yes means No 的現象。

女人的心靈相較細膩討巧，也有幾分的孩子氣天性，只是傻呼呼的男人常常從表象解讀了女孩。比方說，女友或老婆拿錢給你去買排骨飯，你到了市場，看到了另外一攤有位小女孩正在叫賣便當，你想幫助女孩，於是一口氣買了兩個便當回家。到家後，女友或老婆看你買回來的不是她最喜歡的排骨飯，有時候她們就會生氣，或是笑你太傻，要買便當隔壁店家就有，而且也更便宜，何以大發慈悲做好事？她的反應可能讓你一整天都很不舒服。

其實，你不需要心情不好。根據心理學來說，女人經常是矛盾的，確實會有心口不一的時候。就好像有個有趣的女性現象是：一些喜歡香水的女人，卻也喜歡男人的汗臭。

本質上的矛盾，有時女人自己也不解，但也不需甚解，男人只要理解就好。

其實，她表面雖然好似否定了你的行為，但她的心理可能說的是，「這男人真善良又帶點傻氣，我怎麼愛他都不為過！」她的當時反應，並沒有惡意，只是很直觀地，或是覺得你沒有按照交辦方式處理，違逆了她的想法，有損「命令」的正確性，因此有了你所面對的反應。

女性天生善良，絕對不至於為了小小的金額，就和配偶嘔氣。你的表現越善良正直，只會讓她更肯定自己的選擇。當然，這不是讓你當金錢的散財童子，而是要在正確的事情上表現善意；但男人一定要讀懂，女人的行為往往不代表心裡的真意，尤其是當你做了一件公益的好事。

24 男人「邪」女人愛？

禁錮的渴望

「就愛壞男孩」，已是現在少女們交往伴侶的某類對象選擇，即使男伴的個性並不壞，但似乎也要他在外表裝扮上耍壞，「男人不壞，女人不愛嗎？」為什麼女性會被壞男人給吸引呢？從潛在的內心世界解讀，所謂「壞男人」的特點是：大膽、無拘無束、不按牌理、喜歡表現自己，善於挑逗女人內心深處長久被禁錮的慾望。相反的，倘若男人心態變得謙虛溫文，是否還會受到青睞？

曾經在資料上看過一個實驗：

美國羅格斯大學的學者曾經進行一項兩性觀念的實驗，他們給三百多位女性受測者觀看兩段截然不同的影片，每段影片的片長是一小時。

第一段影片為求職面試，有一對互不認識的男女，到一家大企業應徵行銷部經理，由公司某主管代理應徵事宜，從履歷上看兩人都屬公司需要的人才，

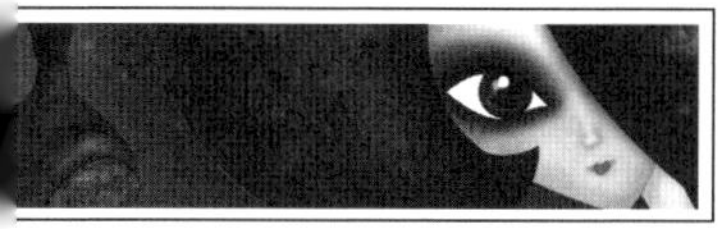

但只有一個職缺，所以只有一人能謀得工作。

影片中，主管就分別展開面談。在問話的過程中，女子表現得很隨和、很自然，而男子表現得很謙虛，在說話用詞上都很謹慎，影片到此為止，再繼續看第二段影片。

第二段亦是關於求職，是一所中學要應徵老師的影片，其內容類似上一段，也是一男一女去應徵一個職缺，履歷也合乎學校標準，學校主管同樣進行面談。但這次的表現就男女有別了，問話過程中，女子給人誠懇而自然的印象，男子則給人大膽活潑與自信積極的印象。

看完影片後，研究人員要所有女性受測者假設自己是主管，在第一段影片與第二段影片分別選擇自己滿意的應徵者，並寫出錄取的理由，結果顯示，大部份的受測者在第一段影片中選擇女子為錄取對象，理由是男子雖然表現謙虛，但給人一種懦弱、缺乏自信的感覺；第二段影片，受測者都選擇男子為錄取的對象，理由是雖然女子表現沉穩，予人頗有專業學識的好印象，但卻比不上男子大膽又有點高傲、自信滿滿的感覺來的強烈與印象深刻。

這項實驗儘管是針對選才而設計，無論性別，其理相通的是，活潑、自信、甚至不受框架限制的人格特質，容易給他人主動且有活力的印象。當這實驗用於解讀愛情擇偶時，也能提供一樣的解釋。

錯覺的表象

學者的分析認為，在女性眼裡，男性就是要表現得有點高傲而自信，似乎才能顯得出實力，若表現的內斂謙虛，就算有實力，也不易讓人感受。這種心態可能是因為女性需要安全感所致。

引述這項實驗，旨不在鼓勵男性高傲浮誇，而是可以適度展現更積極自信的自己。無論在工作與擇偶上，都可以有更好的效果。當很多人談男人不壞的「壞」，究其根柢，未必是惡劣的意思，而是指活潑、變化、懂得情趣，所以贏得了女方的好感。我有不少的女性朋友曾說：「很怕遇到『木頭』，因為既無趣，又無法產生心靈交流的共鳴。」於是那些常常會製造出感人情境，或送上玫瑰、巧克力、美酒、浪漫的音樂、有情調的晚餐，又富有幽默感的男性，就很容易贏得美人歸。

所以心理學家也研究，為什麼美女會愛上強盜？有人解釋是英雄氣概的錯誤認

知，有人解釋是冒險的生活美化了想像。但是，對女性而言，應該要看盡男性的靈魂與心地，才能真正辨別一位優質男性；然而相對地，木訥內斂的男性，何妨活潑一些，或許會讓愛情的追求大大加分！

25 女錢主義

【拜金與投資】

有一陣子，美國的出版市場討論了幾本熱門書籍，書的主題很有趣，作者教導女性讀者的是：如何遇到多金的男人？書中羅列了一些情境設計，目的是讓灰姑娘能夠與王子邂逅。例如，故意開著自己的普通車出門，但在停車時，刻意停在名車或是跑車的旁邊，增加與名車主人認識的機會。又比如，在黃昏的迷人時分，選在高爾夫球場附近徘迴，等待揮桿後即將離去的名流，找個理由上前搭訕，交換名片，就成功地結識了一位多金的男性了。

為了這些「偶遇」，當然，免不了要精心打扮一番，好增加女性的魅力。對於生活一成不變，早已期待生活驚喜的有成男人來說，真如平靜的心湖，忽然吹起一陣春風，泛起一陣陣的漣漪。男性有這麼傻嗎？難道看不出女性的別有目的？也許吧，但一切歸諸「緣份」的安排，豈非說服自己接受的最好理由呢？

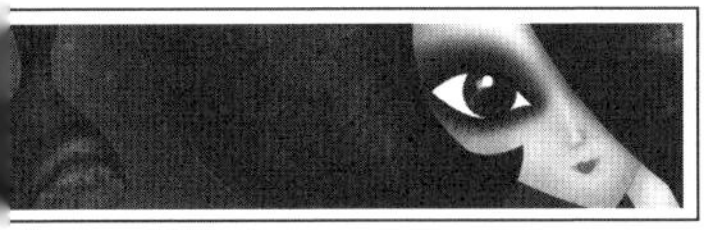

理想與現實

「愛情與麵包，孰重孰輕？理想主義和現實主義，在愛情中誰佔上風？」這類題目，一般印象多認為，大部份的女性應該是愛情至上，而且，甚至會認為女性比男性「純潔」，傾向不喜歡觸碰錢的事務。這印象可能是對的，但也不表示女性只有浪漫的愛情就已足夠，實際上，女性對金錢的重視程度，或許不輸於男性。尤其當她們有機會掌握財務大權時。

美國曾經有做過隨機調查，針對二十四至三十五歲女性抽樣發現，有三成三的女性比較喜歡理財，另外有二成的女性比較喜歡塑身美容，女性渴望有著浪漫的感情生活。而重點是，她們更喜歡管理家中財政。在亞洲先進國家中，有八成的已婚女性實際掌握家中經濟大權，有的甚至老公連藏一點私房錢的機會都沒有。

寫作時剛好閱讀到「中國全面小康研究中心與北京清華大學媒介調查實驗室」公佈的一份「年度婚戀幸福感報告」，內容也提到：男人比女人更在意權利義務關係；女人則更在意家庭收入。

對於金錢的使用，女性也不比男性遜色。美國加州大學戴維斯分校的一份研究報告指出，女性在投資理財上的成績已超越男人許多，這證明女性能精確的掌握投資的脈動，並能判斷投資風險的因素，以穩健的投資步驟，積少成多，穩定累增財富；而男人則偏好以速成的方式來達到投資報酬率，所以容易用「投機」的方式來取得高額報酬，相對的風險提高，失敗的情況也多。

從心理學的分析來說，女性愛管錢以及理財的個性，極可能是源於女性在傳統社會上的一種自我肯定與生存的心態副作用。因女性在早期社會上沒有地位，欠缺安全感的脆弱心靈必須透過掌理家中要事，來建立起在家中的地位，並能了解或參與男人在外的事業。換言之，肇因於安全感不足，且有生兒育女的壓力，這導致女性必須抓住某種家庭中最重要的東西，才能使其安全感得到滿足，而家中最重要的東西不外乎便是經濟了，這就像落水的泅泳者得拚命抓住浮板是一樣的心態。

我們絕對不鼓勵女性有攀富的投機心態，但心理學的目的，就是盡量避免刻板印象的誤判，以為女性只有愛情就能滿足，可能並非真相。雖然愛情誠可貴，但聽到女性說「愛情至上」時，先恭喜你找到了一位重視精神生活的對象，但是可別因此誤判她是不食人間煙火，而忽視物質的重要性。這些實驗與心理學，正是提供給男性一個嶄新的理解，可別以為只要有甜言蜜語的愛情，就足以讓女性滿足，「麵包」還是得努力準備，才更能延續兩人的感情；尤其重要的是，千萬別小看女性對錢財管理的細膩天賦，不妨在有些財務的運用上讓女性做主，可能男性會得到意想不到的收穫，老祖宗說的「聽妻嘴，大富貴」，絕對有其道理。

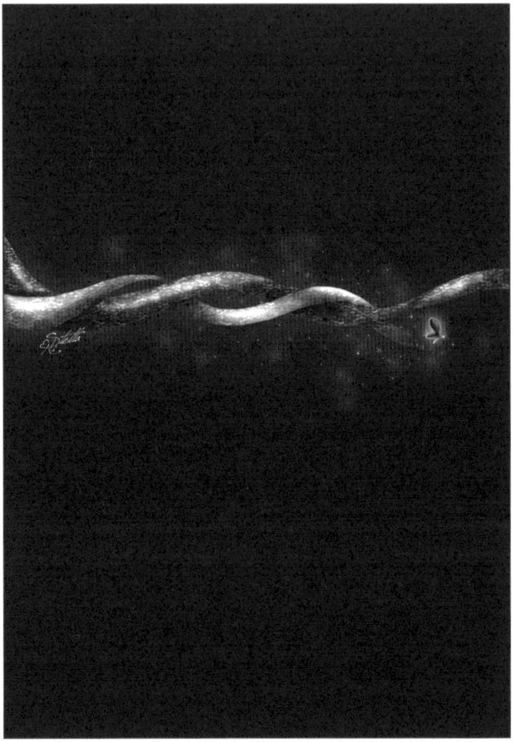

婚前和婚後，是男人和女人的愛的兩個境界，
無論他們曾怎樣花前月下、海誓山盟，愛的轟轟烈烈，
水庫的平靜既是宜人的，也是庸常的。

Part 2 戀愛篇

愛情的世界裡不是尋找資優生

- 女人左耳會比右耳更能接收並記憶對方所傳達過來的感情訊息。愛情降臨時，女人是天生的左派。
- 男人要喜歡一個女人，就要『想』得跟她一樣，而女人要想喜歡一個男人，就要跟他『過』得一樣。

01 千般好 Vs 一點壞

【愛情與佛法】

以優美的文字般若，翻譯《金剛經》而名留佛史的大法師鳩摩羅什，他的父親是印度的一位宰相，後來遁入空門，出家當了和尚。鳩摩羅什的母親則是當時的公主，看上了這位和尚，於是逼著他還俗。最後，兩人結婚生下了鳩摩羅什。

妙的是，沒想到這位公主日後深信佛法，決定出家。重返紅塵，且已經有妻小的宰相丈夫當然不答應。覺得自己出家時，被逼著還俗，但自己結婚了，對方卻反而要出家了。

鳩摩羅什父母的情史，是一個可以有多元解讀面向的故事，但總不免讓期盼圓滿結局的人興起一種感嘆，那就是：對方的離去，往往讓你找不出道理、想不出理由，只是一個簡單「說法」，長年累積的情緣就此離散。

優點與缺點的相遇

求學時，有位教授心理學的老師談過一種情境。老師說，有些兩性交往會出現高反差的相處現象，就是一方總說另一方好（speak well of），但另一方雖然不是老「說」另一方的壞（speak ill of），卻會常「記得」另一方的缺點。

當時，我聽完業師說的情境，我們同學討論的是，這就像是一個女孩死心蹋地愛上了男孩，男孩說的話、做的事，樣樣都覺得好，雖然在旁人看來往往不是那麼一回事。而相反地，這位男孩老嫌棄女孩，總覺得這也不好，那也不對。當然，這種情形還算是「明」著來的，有一種則屬於「暗」著來的。

這次的案例男女的角色對調：我有一位男性朋友對女朋友非常好，這女孩什麼都好，但就是對男孩不夠好；但是女孩倒也與男孩相處了五年。有一天，女孩說要去留學，還真的考了托福，順利去美國唸書，而男孩必須留下來繼續工作。沒多久，女孩就寫信告知男孩，她認識了一位學長，兩人即將結婚。男孩覺得莫名奇妙，自己從來沒做錯事情，好奇地問了女孩：「為什麼？」，女孩只簡單說：「我覺得你不夠大方。」男孩一頭霧水，交往五年從沒聽過的理由，怎麼嚴重地成了分手的說詞？但女方真的結婚去了。

也許這位離去的女孩是找搪塞的藉口，而非真正的原因。但是，你一定不乏聽過類似的情例。就是一方努力表現良好，但忽然莫名地被淘汰了，就好像一個學生很努力地力求最佳表現，但對方就像一位打你分數的老師，只要一個出錯，就將學生立即刷掉。往往，男女雙方談戀愛時，就經常不自覺地扮演著冷眼旁觀「打分數」的老師，一個不高興、不滿意，就動輒提出分手，讓對方措手不及、摸不著頭緒。

我那位男性朋友如今已經四十好幾了，但從二十幾歲的這段戀情後，就再也沒交女朋友，把所有的重心都放在工作上。儘管工作挑戰很多，他依然奮鬥不懈。我跟早已老大不小的他說：「如果你將工作的毅力用在愛情上面，一定會有很美好的結果。你怎不把這種用心，也放在愛情上呢？」朋友嘆了一口氣說：「愛情與工作不同，工作可以反省對錯，但愛情很難檢討。」這是中年的他悟出的愛情心得。

心理諮商對這種案例可以提供的說法是：「缺點與優點的相遇」，就是一方總以望遠鏡欣賞遠方山水的全景美好，但另一方卻總以放大鏡將鏡頭下的細小瑕疵，查看的原形畢露。

後來我將業師說的情境，取了一個中文的心理說法，即「她對你千般好，你卻

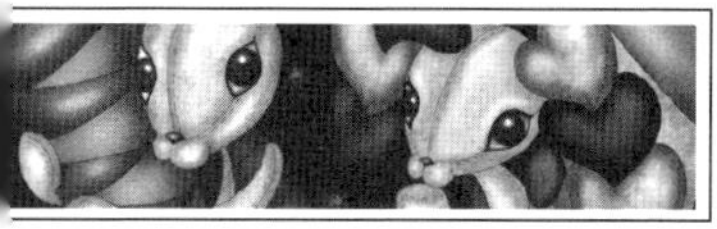

記她一點壞」。愛情的不得善終，常令一方當事人不明所以，就像鳩摩羅什的父親應有同樣的興嘆，當然公主的離去並非是找到了對方的缺點，而可能是對「小我情愛」與「大我苦難」之間的人生取捨所致，但是那種莫名的心理則是人同此心，千古皆然。

你有這樣的心理嗎？你不自覺會出現類似「幫學生」打分數的心態嗎？為什麼另一半和你相處時，總像個怕做錯事的小學生，想百般討好你，精神緊張不得放鬆？老師與學生畢竟有身分落差，只要尊與卑的心態出現，愛情就危險了。每個老師都可能遇到不同的對象，自己也有機會轉變成為學生。學生需要老師的鼓勵與溝通，而不是提心吊膽的一次給分。更要謹記，愛情世界裡，不是尋找滿分的資優生。可以慎選對象，但吹毛求疵、太過挑剔，絕非愛情之福。

02 吊橋實驗

【場景一】「妙麗很膽小，你怎麼還約她看恐怖片？」戴爾好奇地問朋友彼得。「呵，就是因為看恐怖片，妙麗會害怕，才顯出我的勇敢大膽，她才會覺得我更能保護她呀！」彼得自信地說。

彼得的想法有道理嗎，請看以下的實驗。

研究人員早已證實，當我們看到有吸引力的人之時，隨著身體準備採取的行動，心跳也會隨之開始加速。但反之，若是心跳加速的時候，是否也會覺得某人對自己比較具有吸引力？為此，一九七四年時，心理學教授唐諾．杜頓（Donald Dutton）與亞瑟．艾隆（Arthur Aron）做了以下這實驗。

兩位專家在加拿大卑詩省皮卡蘭諾河上方的兩座橋上做了兩個特別的研究。其中一座較高的吊橋位於河床上方兩百呎，另一座則比較低，比較堅固。在年輕男子渡橋時，喬裝成市調員的女性實驗者會請他們停下來填份問卷，她們甚至還會主動提供電話號碼表示，如果想進一步瞭解這個實驗，可以打電話聯繫她。高低兩座橋的相對實驗結果出現，誠如預期，在高橋上接受電話號碼的比例比低橋高，同時，真正撥打電話的比例也是高橋上的男性比較高。

被欺騙的大腦

為什麼是採取高低兩座橋進行實驗呢？因為吊橋在有人行進時會搖晃，也會引起不安，而高橋比低僑的搖晃劇烈程度更高，因此高橋上的人遠比低橋上的人來得心跳更快。高橋上的人碰到女性市調員時，他們下意識以為心跳加速是因為她的緣故，而不是吊橋的晃動所致。結論就是，他們的「身體欺騙了大腦」，且令他們覺得那位女性有吸引力。也因此，會比較想獲得女性市調員的電話並且打電話給她。杜頓與艾隆的反證得到了成立。

當知道了身體是會欺騙大腦的實驗結論後，又該如何借重理論來提升愛情呢？也許你答對了，就像有些兩性專家會建議：當希望某人愛上你時，約會的地點或許不該是浪漫優雅的靜態活動，像是音樂會或適於漫步的林間小路。反而該從事些心跳加快的活動會更有效果，像是聆聽搖滾演唱會、共乘雲霄飛車，當然還有邀請對方觀賞

「嚇的遮眼不敢看」的恐怖電影，讓情境促進愛意，就可能提升對方愛上你的機率。

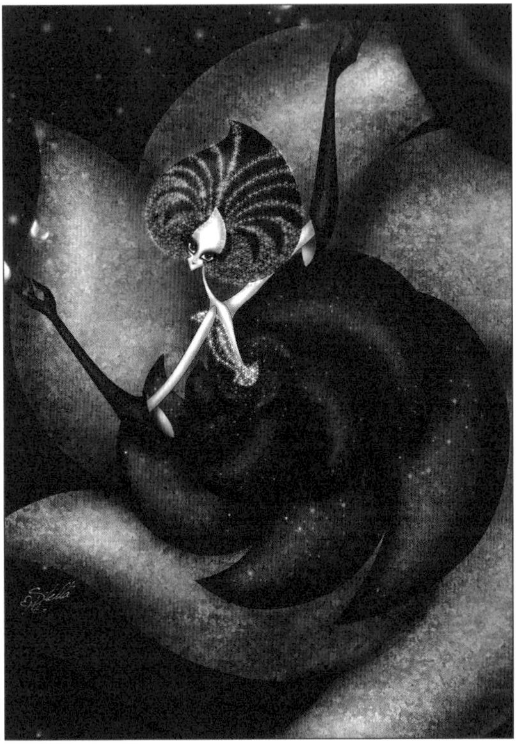

女人是男人的小數點，她標在他人生的哪一階段，
往往決定他成為什麼樣的男人。
對於負數式的男人，
女人這個小數點真沒有什麼積極的意義。

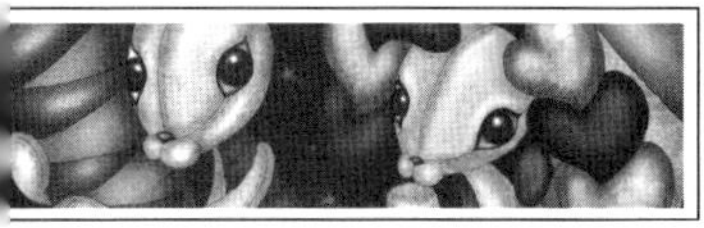

03 歌德式單戀，愛情的「通貨膨脹」

【七十四歲的單戀】

德國文學家歌德一生的感情世界相當豐富，一八二三年，大文豪歌德造訪德國旅遊聖地馬倫巴，遇到十九歲的少女烏麗克，歌德愛上了她。那時候的他已經七十四歲，儘管已步入人生暮年，但熱情的歌德仍然有勇氣追求愛情。隔年，歌德再度前往馬倫巴尋找烏麗克，卻無奈地飽嚐失戀的滋味。顯然，從愛情的角度來說，歌德的單戀並沒有美好的結局。

但是，失戀的歌德在這時候，卻寫下晚年鉅作——《馬倫巴悲歌》（Marienbad Elegy）。歌德曾表白：「我的一生——完全沉浸在愛情裡；也就是說，我的作品全是為了愛情。如果沒有了愛，沒有了情，我是寫不出什麼東西的。」幾段愛情為歌德的創作生涯開啟了生命高峰。歌德的故事說的是，生命的熱情沒有因為年齡而消退，儘管這段感情並沒有如願的結局，但是，單戀的結局不全然是沒有收穫的，這就是愛情的美好，儘管它是一場單戀。

略諳經濟的人都知道，通貨膨脹就是指，過多的金錢追逐過少的商品，形成物價在一定時間內全面上漲。我的一位心理學老師有個妙喻：「單相思就像是一種愛情的通貨膨脹現象，過多的『想戀』追逐過少的『回饋』，於是在單相思期間內，形成對方身價越來越高漲的現象。」

越想，越得不到，相思對世間男女來說是一種漫長無邊的折磨，而單相思又是另一種更孤獨的無名煎熬。當不經意喜歡一個人時，常常好感會漸漸發酵，而在對方不知情下形成一種愛戀，這就是所謂的單相思了。英國心理學家佛曼斯特說，男性比較容易陷入單相思的漩渦裡，這是因為男性在視覺感官上比較敏感，性格上容易產生衝動，所以在自我投射的多頻率下，單相思的機率相對的比女性高。

單相思的病因不一而足，最常見的就是因工作或學習必須常碰面，本來只是普通朋友的感覺，卻因近水樓臺、日久生情，有一方開始對對方產生好感，而感覺會越來越濃，直到陷入自己的幻覺情網中難以脫困。為了讓幻覺成為現實，相思者有時會用肢體語言的方式示意，通常若被對方拒絕後會出現兩種情形，相思者會漸漸看開，歸於平靜不再相思，但比較常見的情況是相思者又陷入更深一層的單相思情境。而單相思比相思痊癒的時間還要長一點，因為不見回饋的失落感，有時會更否定自己。

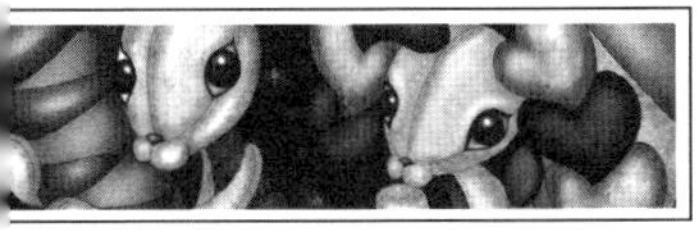

單相思會發生於任何時期，在少年時期至青少年時期發生率偏高，因為此時的男女正是情竇初開之時，對於男女生理上的異變，抱持著好奇幻想的衝動；而成年人至老年人也會出現相思或單相思的情形。姑不論年齡，有一說是認為，會發生此情形的成人大多是容易自作多情的人。

佛曼斯特曾試著提出的解釋說法認為，會有這麼多人發生單相思的原因，與電視愛情劇或言情小說的接觸有關，那種虛構出來的劇情常會讓人產生錯覺，以為依樣畫葫蘆、照著做也能感動對方，從此可過著幸福快樂的日子。這種錯覺會在心裡持續加溫後變成一種執念，當執念無法具體化或回收應有的成效時，痛苦就油然而生。戲劇確實有其催化心理作用，台灣的兒福聯盟曾經公佈「兒童戀愛觀與行為調查結果」，其中發現：高達四分之一的兒童談過戀愛，有逾一成的孩子與未曾謀面的網友談起「網戀」，甚至逾半數的孩子不會拒絕交往對象進一步的親密要求。兒福聯盟就直指造成兒童謬誤戀愛觀的元兇就是偶像劇。

兒童成熟度或不足以辨識，但在成人世界，也經常陷入劇情影響。單相思的面向之一就是甚至犯了心理學上的「情愛妄想症」（Erotomanic Type），認為是對方先愛上自己的一種偏執性格。

我們只看到單戀者的痛苦，其實被單戀者也很痛苦，因為不喜歡對方而拒絕對方，但對方仍舊持續沉緬在無謂的單戀裡。相思被形容是一種心病，而心病還要心藥醫治。最好的心藥就是開導。為了減輕單戀者的執念，必須藉助周遭的朋友來引導，慢慢把心放開來，唯有如此才能盡快痊癒。

所謂「相思欲寄無從寄」，相思確實很難排遣。只能將思念視為一種寄託，就像將情寄託於風，吹送給遠方的情人。心動絕非單戀的罪惡，因為有了心動，愛情才會開始，但若對方心無所動，執迷不悟，就會成為單戀的奴隸。若不想成為相思的奴隸，那就用最實際的方式去追尋，勝過不作為的空想，若是已經盡力，也不用過於執著與難過，至少自己也因此成長許多，當下一段愛情降臨時，自然會知道如何面對了。

PS. 我喜歡「歌德式的單戀」，即使沒有善果，但熱情雖一時為之受挫，但仍轉為正面的發揮力量。也許，幾段生命中的愛情都為歌德的創作開啟了生命的高峰。歌德的單戀故事說的是，生命的熱情並不因年齡而消退，儘管老少戀的美夢沒有如願的美好結局，然而，創作力不減的歌德仍因此寫下生命的鉅作。世界聞名的大文豪雖面臨感情的受拒，但是留給世人的文學鉅作《馬倫巴

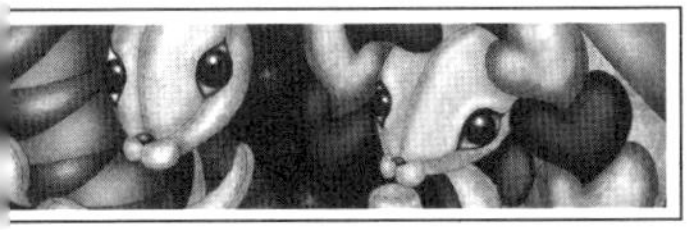

悲歌》，卻是文學史的重要收穫。或許敗單戀不成，反倒流露了不凡的證悟與智慧。

熱情，無論是揮灑在一個日思夜想的單戀上；或是一項傾力而為的事業上，乃至於一曲輕飄曼妙的歌曲旋律；或是字字珠璣的文字篇章上，無論表達的工具為何，但熱情的正向燃燒，才能即若受挫，仍有另外的精彩人生可能。

04 東方之旅

【愛情與親情】

新聞報導，一位現年二十九歲的女性，嚮往追求浪漫的愛情；但愛情的遭遇並不盡如人意。曾有過一段婚姻的她，兩年前認識了一位比她年長十一歲且無固定工作的男性，兩人交往不久，就論及婚嫁。父母從小就極疼愛她，眼見男方無法提供穩定的生活保障，立即反對她們交往與結婚之議。母親甚至以斷絕母女關係相逼，希望她能清醒覺悟。

但愛情沖昏頭的她執意跟著男方，從此居無定所，到處漂泊。兩人生了一個女兒，大半年時間居住在平價的飯店，靠著先生的零工過活。兩人經常為了沒錢買奶粉而起爭執，甚至她不知何故，竟莫名地背負詐欺的罪名，成了通緝犯，生活極其艱辛與挫折。當初原以為有先生可以依靠，沒想到經濟拮据之外，愛情的依賴感也失了依靠。

中秋節深夜，先生竟然沒有返家。過去，無論再晚、再遠，先生都會回家

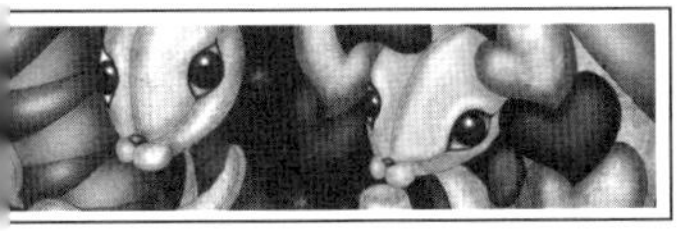

陪著母女兩人，甚至打電話給丈夫時，只匆匆數語就被掛斷，從此再也無法連絡上了。原來，先生已經決定遺棄她們。

不敢回娘家的她於是向警方自首，最後還是疼她的父親得知消息後，將她保釋回家。

眼不見未必淨

類似新聞的事例並不罕見，我也遇過雷同的案例。

一位母親反對女兒交往的對象，想趁感情未深之前迅疾阻止，因此想方設法將女兒送出國唸書，就為求斬斷情絲。原本只是與母親爭辯的女兒，當知道母親使出殺手鐧要徹底斬斷與男友的關係後，反應越發激烈，為了維護愛情，竟不惜離家出走，甚至以死相逼。愛女心切的母親迫於無奈，只好放任兩人在一起。

奇怪的是，不到半個月，原本以為與男友愛得死去活來的女兒，竟然和男友分手了。母親驚訝地問：「分手了？當初你不是吵得跟我說，愛得很深、非嫁不可嗎？」「不知道，沒什麼感覺就分了。」女兒輕鬆地說。

名著「東方之旅」書中有一段情節：

在必經走道的架子上，擺放著一個很突兀的花瓶。一位路過者，每天都必然看見這個瓶子。許久後的一天，路過者發現花瓶不見了，好長一段時間，每次經過，都會不自覺的朝向架上的位置瞄上一眼，彷彿花瓶還在似的。

我常想起這段情節。在處理煩人事情的時候，我們傾向以逃避、眼不見為淨的心態面對；但是從心理學的角度，這方式未必好用。尤其是在愛情領域裡，常會出現一種越無法見面，反而越加思念的「自我增憶」強化效應。兩性關係就像名著中的花瓶，以為看不到了，反而卻時常縈繞心懷。眼不見為淨嗎？其實經常不是，因為「不在眼前，卻爬到心上」。

母親壓抑女兒的戀愛，適得其反，反而讓女兒的叛逆（多數人都有某種程度的叛逆天性）找到了宣洩強化的着力點，女兒也似以為自己與男友的愛情有多麼濃烈。

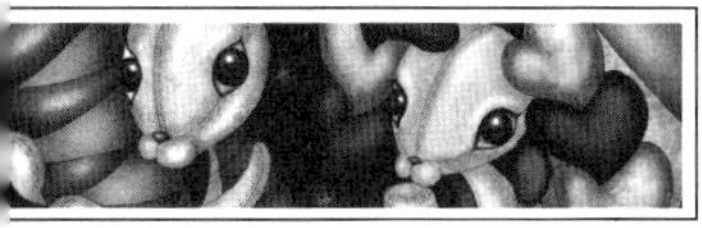

母親壓力越大，女兒的反彈越大，增憶效果也就越強。

英文有句話說：“Out of sight, out of mind.” 很多人翻譯成「眼不見為淨」，也有人翻譯成「離久情疏」。然而從字面解釋，則是離開了視線，就離開了心弦。彷彿人很容易健忘，但愛情經常不是如此，尤其是在熱戀的時候，就像案例中的女孩。

只不過妙的是，一旦母親放任不管之後，女兒開始省思自己的感情，反而會理性面對，甚至事後回想起來，還會啞然失笑地覺得自己當初根本沒這麼愛男友，都是母親的反對，才讓自己舉止激烈。

越看不到，越思念，壓抑從來不是好的解決方法，面對執迷不悟者，疏導情緒，才是助人的不二良方。

05 企鵝告訴你的「環境愛情心理學」

我有個女性朋友生長在農村，後來到過城市工作，年紀超過三十回到家鄉之後，父母急著幫她相親，但對象都是附近村落的男性。女性朋友說，她連相親的動力都沒有，倒不是因為男方的條件好壞，而是一想到日後要常年居住在從小熟悉的環境，毫無期待的心理就令她打退堂鼓了。

朋友連對方都還沒看到，就先因環境的想像而有了退意。這讓我關注，愛情的順利萌芽，跟環境真的大有關係。

環境與性格

有人喜歡住在鄉村，有人喜歡住在繁華大都市。英國劍橋大學研究發現，無論喜歡住哪裡，其實都和自己本身的性格有關。鐘鼎山林各有天性，海畔有逐臭之夫，而我好奇的是，居住地應該與擇偶心理也有關係？我想到了企鵝的配對，在繁殖季時，公企鵝會開始以石頭築起約高二十五公分，寬二十公分的巢居，目的就是吸引母

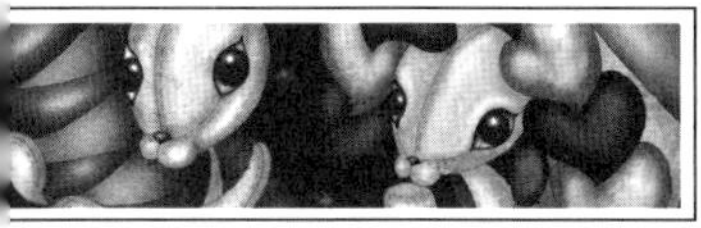

企鵝。母企鵝若覺得堅固耐用，就會與公企鵝配對了。顯然，人與動物皆然，住所環境都是吸引異性的條件之一。

科學家研究指出，個性外向、忙於工作的人偏向喜歡住在大都市；相對的脾氣也比較急躁，無疑地，這是因生活緊張，工作壓力大，加上飲食有時不正常，造成了身、心、靈容易疲累不堪。而選擇居住在鄉村小鎮或郊區的人，性格上偏內向，喜歡悠閒愉快的生活，待人隨和又很好客。至於喜歡住在奇怪環境的人，一定也有些有趣殊異的心態想法。

物以類聚

一位研究員賈森．倫特弗勞說：「過去農業與工業時代，居住的地方多屬自己土生土長的地方，工作地點也只是在自家附近，很少會有搬遷的情形，再加上因過去生活水準不高，經濟條件有限，很難有能力搬遷，所以限制了流動性。」我們也可衍生這說法來進而推論地說，愛情的發生也受此影響，容易出現「地緣愛情學」的現象。而現在的生活水平提升，經濟能力遠優於過去，因此遷徙的能力提升，也更有選擇自己居住環境與生活方式的自主性。這就衍生出，人的流動性快速增加，自然人們就能選擇自己所喜歡的地方居住，所以有相同特質的人就會住在同一個地區，就容易物以類聚了。

愛情萌生於天時地利人和，越來越多的人戀情不發生在家鄉，而是發生在工作場所，其實除了相處時間的親近外，也與生活環境與模式的選擇偏好有關。我的女性朋友後來嫁給了相距甚遠的對象，是遠距離戀愛並結婚的成功案例。原因之一就是有心儀的生活環境，這無關於物質的條件，而是合乎她對未來生活型態的想像。母企鵝不是選擇最寬敞的石穴，而是選擇有感覺的適宜環境。從環境看愛情對象的選擇心理，是很有趣的觀察指標。

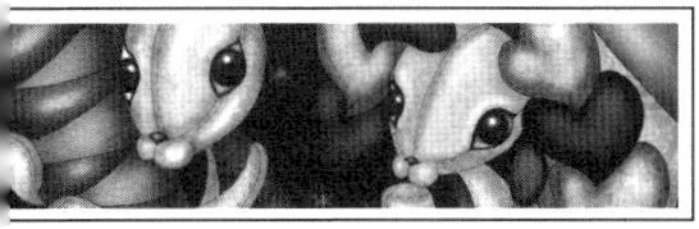

06 時間與事件

「親愛的，你還記得今天是什麼日子？」安妮對著正在看報的男友說。「啊！喔！今天……，今天是你的生日呀！」安迪初顯尷尬，卻又表現出終於說對答案的得意。「算你有良心，那你記得去年的今天，我們在哪度過？」「記得呀！我訂了城中最棒的餐廳，幫你慶生呢！你看我對你多好。」安迪微笑著說，但又繼續看報。「那麼，你記得我對你說什麼嗎？尤其是，那個女侍者是如何羨慕我們的嗎？」安妮追問。「啊？我不太記得耶，大概就是說我們真幸福之類的吧！」「哼！你這麼回答可見你根本不用心，這麼重要日子裡的事情也會忘記。你一定沒把心放在我身上。」本來一臉笑容的安妮，突然轉成了微慍，兩人甚至還爭吵了起來。

這情節，男生一定不陌生。女孩好像就常為了一些「不起眼」的事情，突然發起無名火，結果將原本的陽光日子，霎時變成了陰雨天候。男生一定好奇的問：「奇怪了，怎麼女人對這樣的『小事情』會如此在意，且反應激烈？」就像安迪，一定會很莫名奇妙，我已經記起了那天的慶生，而且還大費周章地幫女友慶祝，怎麼安妮當天說的話，以及女侍者的反應，也得記住呢？真是令人不解。

認知的差距

不只安迪，很多男性也會出現同樣疑惑。不要感到奇怪，心理專家會告訴你，那是男女的認知有所不同。男生認為，只要記住了梗概的「事件」就足夠了，細節之處不是重點，但女人可不同，講究細膩的女人很可能要你記住事件之外，連「時間」與「細節」都不可或忘。比如，她會考你是訂了幾點的午後情人餐，待了多久的時間，以及其他雖非時間，但也屬於該天情境的小細節。男人重「事件」（大結構），女人重「時間」（小細節）這就是男女在認知結構上的差異。

當知道男女之間的差異後，女人就不要太為難男人，狀似考試般地追問到底，卻得不到答案，反而徒惹爭執；而男生也要懂得女人心理，多記住些事情，一定會讓女人喜出望外，更有利於愛情的經營。

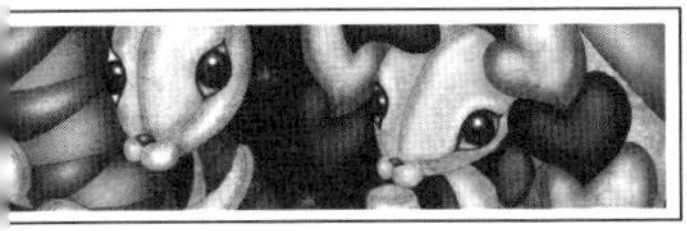

07 當「反社會人格」遇見「彌賽亞情結」

【百分之四的人沒有良知】

美國知名臨床精神病學專家，也是哈佛醫學院精神科的臨床講師瑪莎．史圖特博士（Martha Stout Ph.D.）幾年前撰寫了一本書《The Sociopath Next Door》（編按：中文版譯名為：『百分之四的人毫無良知，我該怎麼辦？』）作者藉由二十五年的臨床經驗，剖析許多遭受反社會性格的人影響的真實案例，統計有百分之四的人沒有良知，他們可以做出任何壞事，卻沒有絲毫的罪惡感！

從數字換算，相當於每二十五人就有一個人可能性格冷血、未達目的不擇手段。他們可能外表迷人，表現優雅，但內心完全不受道德約束，時常傷害別人或行為不良，但另一方面卻又佯裝可憐博取同情。

打開辭典，「反社會人格」一詞的解釋是：反社會人格患者在初識時，往往予人聰明、人緣佳的印象，但實際上他們會殘酷無情的利用他們身邊的人，以達到他們的目的……他們的社會化不足，因此缺乏對人、社會、團體的認同與忠誠。

除了上述的說明外，其實具有此性格的人有時還容易將一切不滿歸咎外界，認為千錯萬錯都是別人與環境的錯。

具有反社會人格的人仍然需要交流與互動，假若一位具有此性格的男人遇見了一位女孩，往往會出現一種形似「交託」的心理狀態，他的說詞類似於：「外面的人都不可信，都會騙人，我只信任你，你不要讓我失望」等內容或語意。很多女性不會處理這樣的情境，甚至會以一種母愛或是友善的出發點來接受對方說法的設定，認為「是的，全世界都不了解他，他懷才不遇，我要拉他出人際的泥淖，盡量的幫助他」，換言之，將拯救或是協助這樣的人視為是自己的責任。好像看到了一隻受傷的小動物，激起了必伸援手的信念與責任感。

這是一種所謂對號入座的心理樣態，常會發生在女性的人際關係裡，不自覺地想要從自身盡一切力量來幫助對方。心理學上有所謂的「彌賽亞情結」（missianic complex），彌賽亞是救世主的意思，亦即，扮演救贖者的施援角色，只要遇到需要幫助的人，就會興起一種「被需要感」，認為「沒有自己，他就活不下去」。

然而，不幸的是，這種感覺常是虛幻的。尤其是在面對這樣性格的男人時，他們往往只是找到一個可以對話或是傾訴不滿的「垃圾桶」，更糟糕的是，可能會將自己的生活全賴給女方，然後自己依然扮演憤怒而怨天尤人的角色。我遇過更不堪的例子是，甚至是暴力相向，拿女方出氣，原以為的「遇人不俗」卻變成了「遇人不淑」，傳統的逆來順受觀念，又希望能委曲求全，但奉獻出所有一切的女方，非但無法改變對方，甚至背負沉重債務，只為了當初「對號入座」的一絲心理善意。但，男女這兩種性格一搭一唱，就造成了更多不堪的悲劇。

出於愛情、出於善意，都是女性認為可以改變不良男人的信心來源，然而，愛情雖然偉大，但不是萬靈丹，當男人的性格無可救藥，只會於他人無益，並害慘自己。The Sociopath Next Door，字面的意思就是：隔壁住的人，可能就是反社會人格者。女性朋友要警醒：不要輕易受到善良內心的蠱惑，或沒來由地責任感作祟，尤其是面對那些只想將錯「賴」給別人或社會，卻不思反省的男人。

08 女人，天生的左派

有句話說，女人用耳朵談戀愛，因為女人喜歡聽甜言蜜語。尤其，耳鬢廝磨，和女人咬耳朵說情話，這是男人在戀愛時期所慣用的伎倆，目的是想挑逗女人情趣，增加親密接觸。但你有想過女人左右耳所接收的情話刺激感是不一樣的嗎？告訴男生一個小祕方，有研究發現，對女人說情話時，女人的左耳會比右耳更能接收並記憶對方所傳達過來的情感訊息。得知這項研究後，我和幾個朋友都笑稱，愛情降臨時，女人是天生的左派。

左耳敏感度

人的大腦分為左腦與右腦，根據研究報告指出，右腦對情緒語言的反應性接收最好，而左耳是受右腦控制，所以左耳接收情緒語言、對此種語音的感知反應會是最佳的效果。實驗對此做了證明。

美國薩姆休士頓州立大學也做了一項實驗，實驗內容是，他們讓受測者帶上耳機聽聲音，在左右耳播放不同詞句，但每個詞句長短皆相同，還在每個詞句裡隨機穿插了幾個富有情感的詞句，結束聽聲音的實驗後，受測者被要求看一段約十五分鐘的搞笑卡通片，目的是要分散他們對剛剛所聽句子的注意力，然後研究員再請受測者將剛剛被左右耳聽到的情感詞句寫下來。

實驗結果顯示，從左耳聽到的情感詞句，受測者能記憶的比例高達七成，而從右耳聽到的只能記憶百分之五十八，這可證明左耳的「情緒文字敏感度」比右耳為佳，對於情話等激情的關鍵詞句，左耳特別能記憶並轉化成甜蜜的影像深印腦海。

這是有趣的實驗，那些沒有女朋友的男士們，是否有心儀的對象還不敢告白呢？不妨用此方法試試，應該有助於提升成功的機率。但是，無論女人是左派或右派，竊取芳心的祕密還是在於談話的內容，輸入的管道固然重要，輸入的內容才是決定女方能否芳心暗許的決定因素，「說了什麼」比「怎麼說」的排序更為前面。

09 戀愛大變身

熱戀中的男女性情會對調？心理學家榮格就曾指出，男性有些女性化的心理特點，女性也擁有男性化的心理特點，而在戀愛的時刻下，異性的特點就會表現出來了。也就是，男性會變得溫和柔情，女性會變得衝動熱情。

義大利一位女科學家馬拉齊蒂的研究也同樣指出，由於男女體內的兩種性激素在熱戀時期會相互達到一個平衡，因此容易讓旁人產生一種錯覺，就是男性不再個性剛硬、衝動行事，反而變得冷靜溫柔、態度順服被動，而女性變得活潑衝動、容易有暴躁情緒。

女性在戀愛時後的「性格不變」，有其分析的緣由。首先可能是社會心理因素影響男女在戀愛中的態度。男人在傳統社會教育上，要面對眾多而複雜的社會大場面，被教導要有忍讓的肚量與從容不迫的沉穩性格，而女性就相對來說，較沒有這樣的負擔與教育，所以性格上可能會情緒變化性強些。

再者，戀愛中男女的忍耐度也不一樣，由於男人通常是主動追求者，當還未追

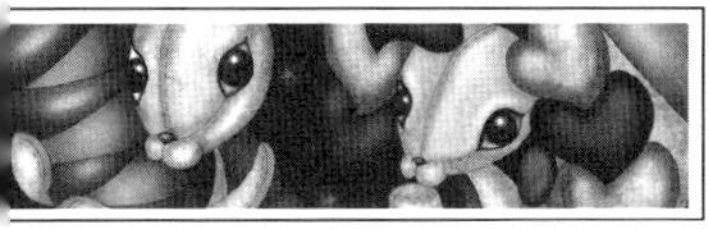

上手時，百般的呵護備至，百般的投其所好讓女人為所欲為。這種謙抑自持的容忍，一方面可以展現出男人對女人的愛護與溫柔，另一方面是希望盡快追到手以免夜長夢多，感情生變。有人笑說，這像是黃鼠狼給雞拜年的「沒安好心」般別有目的的心態。而女性也有聰明之處，她們也知道男人在戀愛時期對女人異常的呵護是有原因的，為了盡可能長久地陶醉在這個甜蜜的戀愛幻境裡，女性會變得像小孩的性格一樣，或許是潛意識認為愛哭的小孩有糖吃，就會撒嬌盡情的要求男性去做一些平常達不到的事。倘若這時，男性沒有做好或達到要求，就大發嬌嗔指責男性的不是，甚至還冷戰相逼。可憐的男性這時候只能像無辜的小媳婦一樣不敢出聲，而女性則淘氣地像優勝者般在旁邊竊笑不已。

第三，女人在此時愛發嬌嗔、情緒性反應高些的原因還有一項，就是在自信心上的不足。戀愛時期的女人最在乎自己外在的表現，無論是體重、外貌、服裝都自我要求，盡可能求其完美，只要發現一點瑕疵，或在其他人面前表現不盡如人意，就會苦惱到寢食難安，脾氣變得浮動性更高，不易自制。女為悅己者容，希望藉此吸引自己的男友，這是可以理解的心理反應。

心理學家接著指出，男女的這些心理因素與投射，只會在戀愛中被表現出來，過了這個時期後，男女又各自恢復到本性的陽剛與陰柔。

這是很有趣的角色性格互換現象，適度地角色變換也可增加情趣。但包容與體諒是無論在相處的什麼時期，都該謹慎處理並時時自我提醒的。而女性也要注意這樣的變化，適可而止就好。當然女性會希望對方的給予能比平常人多一點，所以想考驗對方；但若對方達不到自己想要的標準或在過程中出了錯，就開始容易生氣，反而容易破壞感情。思忖一下，對方為了達到標準而疲於奔命，也給了自己很大的壓力，若無法負荷，兩人就開始吵架進而分手，這就不是任何人所樂意見到的事了。既然有「愛」，就不需要求過高，凡事適可而止，彼此理解、牽就一點，感情的路才會平穩可期。

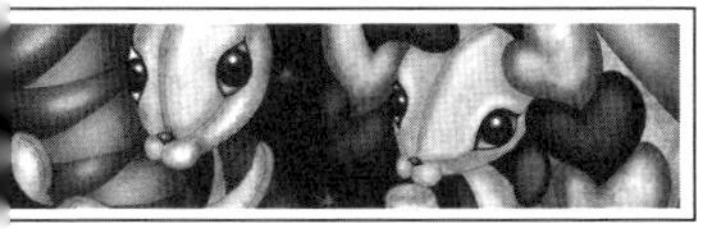

10 美人效應

【男人的婚前與婚後】

「男人就是這樣，追我的時候，整天在我身邊繞來繞去。不斷承諾要帶我去世界旅行、要用這輩子的努力，買最美的鑽石送我，象徵他的愛情不渝、還要打造一間專屬我和他的浪漫小屋，每天灌我迷湯。嫁給他之後，我問：『不是要旅行嗎？』，他說：『兩人能在一起，就是最棒的生活之旅。』；『那鑽石呢？』『鑽石不如真情可貴與無價呀！』他振振有辭地說；『你承諾的夢幻之屋呢？』我又問他，他嘻皮笑臉地過來摟著我的腰說：『老婆呀，真的，我真的感覺現在這房子雖然小了點，但有了你，我就覺得是最浪漫的夢幻之屋了！』他說得一臉誠懇，只會貧嘴，我是又好氣又好笑，男人呀，唉！」

這是一次工作坊的課程裡，學員曉如跟我說的話。這情況不罕見，大抵男生在追求女性時，都會編織美麗的遠景，好像只要嫁給了他，就會擁有遠景中的一切。

當然，現實往往和承諾相去甚遠。男人編織的美夢，未必不是真心話，只是力有未逮，或時過境遷，價值觀有了轉變。

體貼的女人會說，只要有心就好，那些夢與承諾得花不少錢呢！是的，女生婚後就開始幫老公精打細算了。但也有女人會認為，男人不可信，甚至可能是變心、「不愛她」的前兆；但其實未必如此。

心理學有個名詞，稱為「美人效應」，用案例來解釋，就更能理解了。比如，一家小吃店的老闆靈光乍現地想到一個賺小費的妙計。他請來一位非常漂亮的女孩坐在櫃檯邊收錢，以美女當做活廣告，目的是招徠生意。但沒隔幾天，漂亮的女孩對老闆說：「一定是我變醜了，好像我的吸引力下滑了。這些客人給小費都變得不夠大方了。」老闆好奇地問：「為什麼？」女孩說：「現在這些客人都會在櫃檯邊反覆數著找給他們的零錢。」

這個效應有很多種解釋，但其中一種是，乍看之下，好像數著零錢的客人變得小氣了，而且對原本期待客人慷慨多給小費的老闆來說，並沒有達到目的，似乎弄巧成拙。但從另一面解釋，這些客人正是因為要多接近美麗的收帳小姐，所以才數著零錢，久久不去。因此，美女還是吸引了客人的到訪。

慷慨的承諾、慷慨的施以小費，看似在金錢物質上沒有達到目標，但是「愛意」仍在，只是形式發生了轉換而已。曉如的老公儘管沒有實現婚前的承諾，但認真負責、負起家庭的責任，他對曉如好的真心，婚後其實沒有削減。

從實際的相處來看待伴侶，遠比實現了物質的承諾，卻花心在外，來得真切許多。美人效應，是女孩要穿透的一項男人心理學。

11

男女示好學

男學員問：「要如何向心儀的女生表達心意？」

女學員也問：「怎麼讓男生知道我的真心？」

表達愛意，是兩性心理學中簡單，卻也很微妙的題目。也許一個微笑，一個眼神，就寓意千萬，愛情早已意會。但也可能怎麼努力，對方都毫不知情，讓人又急又惱。

利用異性的天性

有一個長久來的說法是，女人因為較不擅長邏輯思辯，所以傑出的女性哲學家較為罕見，但女性的情感豐沛、感悟力高，因此男人偏向理性，女人偏向感性，這是一般的公論；所以除了男女以各自的天性來表達情意外，也可改以對方的天性作為切入的思考。亦即是，女性用理性的方式迎合男性，男性以感性的方式討好女性。

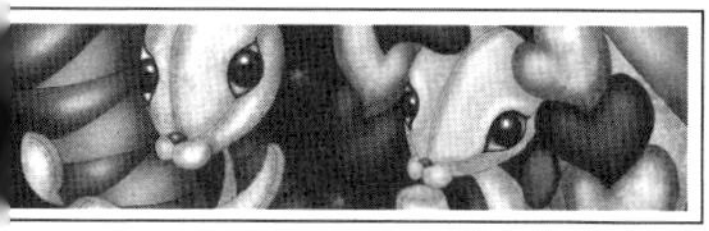

由此，結論就出來了：「男人要喜歡一個女人，就要『想』得跟她一樣，而女人要想喜歡一個男人，就要跟他『過』得一樣。」女人多感，心思細膩，男人如果能以同理心去了解女性的想法心態，適度地包容體諒其想法，就很容易示愛成功，贏得好感。而對男性來說，因為務實、重實際，少天馬行空的夢幻言行，因此，女性要理解男人的實務生活面，甚至懂對方目前正在進行從事的工作或生活。不可誤會的是，所謂『過』得一樣，並非犧牲自己的人生完全投入對方的生活，而是體悟對方的日子，甚至有局部的交集，當有了共同性，就有熟悉感，也容易被男人視為同伴了。

愛情是要兩人一體，無各自空間？還是拉出安全距離，各唱各的調？其實都不是。男女愛情，不該是兩個完全重疊的圓，那會讓彼此窒息，沒有空間；也不能彼此平行，那會太過疏遠，貌合神離，最好的情況是局部重疊，像是奧運標誌的圓圈，扣上了彼此，卻仍有自我的能見度。

「相聚，要懂得相距」，最好的愛情有一種交集，具各自獨立的部份，也有彼此重疊的地方。方法就是，在精神上，男性與女性要有交集；而在生活實務上，女性要與男性形成一定的重疊，這會是營造感情、彼此示好的最佳着力點。

12 女人約會地雷區

你知道約會有哪些禁忌嗎？怎樣的約會才能打動芳心嗎？若你是男性你一定要知道，如何不讓約會失敗而成為情場的漂泊漢？那你一定要知道女人心理有「樂活區」也有「地雷區」。以下是專家提供的五點建議，一定要提醒自己，千萬不要踩入以下的行為地雷區：

(1)她是垃圾桶：大概是失敗太多次了吧？每次跟不同的異性第一次約會時，總會畏畏縮縮的面對，不敢抱太大的期望。如果這樣，你可能會想，那就來個哀兵政策吧！或許對方就因此而同情你，願意給你交往機會，於是就開始大膽的跟對方吐苦水，怨天怨地怨自己，情場如何地不如意，就這樣把對方當成傾訴的垃圾桶，一吐千里、滔滔不絕，但這樣的方式是錯誤的，你知道嗎？

專家認為，在第一次約會時彼此尚未熟識的情況下，就把對方當做傾吐的對象，不但不能使約會圓滿，還會造成不良後果，對方也不會因此而同情你，還會把你列入

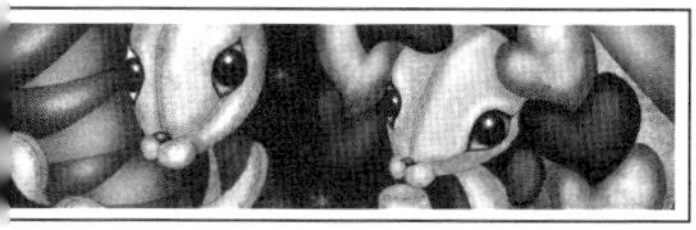

約會黑名單。

(2)你別太「性」：女性最討厭男性在約會時把美好的情境，導入跟性愛情色有關的感覺裡。或許男性有時候只是出於玩笑，但這會讓女性非常厭惡，好像女性在你眼裡只剩下性愛最美，難道男性就沒看見她其他地方的外在美嗎？就算是交往很久的女友也會因此受不了，總不解地想：「為什麼男性在甜言蜜語的同時，總會聯想到親密關係呢？」她們心中的旁白可能是：「男人的腦筋裡難道放不下其他事情嗎？」這是男性常會犯下最嚴重的錯誤，要知道甜言蜜語不等於你跟她就能有如此親密的接觸，相對的這也是在男女調情話題上最失敗的範例。

(3)勿說人之短：女性心裡容不下一點瑕疵，這不是在說她心胸狹窄，而是說女性比較會在意自己的外在表現，尤其是在男性面前，更是不容許有男性說她臉上痘痘有點多、小腿有點粗、皮膚不夠光滑，或提到最敏感的身材、體重問題，還好心建議她如何飲食改進，做哪些運動才能保持好身材，你以為你的善意會被接受嗎？通常不會，因為她這時可能已火冒三丈了，而你還渾然不覺，以為自己的真心誠意能使她感動。你只會聽到對方冷冷地說：「你可以去找零缺點的美女呀！不必來找我了。」不得體的說話方式，會讓你連怎麼出局的都不知道。

（4）莫身家調查： 若初識不久，千萬別探問對方的身家隱私，這是一個很不禮貌的行為。或許你是真心誠意想認識對方，但適可而止就好，尤其是觸及她傷痛的隱私。比如，之前交往過幾位男友？我是你的第幾任？前任男友跟你在一起多久？是怎麼分手的？現在還會想念他嗎？這類隱私問題最好別問，不然人家會以為你是做身家調查的。重點在於，對方願意跟你約會，就表示已漸漸的走出之前的情傷，不到提問的時候就別觸動對方隱私，因那可能是個不願再提的過往。若她真的想告訴你，就會自然而然的和盤托出，要做聰明男生，千萬不要那壺不開提那壺地令人尷尬地提問。

（5）莫自做聰明： 男人有時會在女人面前急於表現自己，在還沒有弄清楚對方的問題前，就把問題攬在自己身上，當對方投以希望的眼光看著你幫她解決，而你這才發現力有未逮，那這時不是糗大了嗎？當她原先專注而期望的眼神，轉成失望的神情時，也就表示你跟她交往的機會降低了！因為這會形塑你不實際，甚至沒有安全感的印象。

愛情如作戰，攻心為上。要避開引爆關係不睦的地雷區，那麼以上五個約會禁忌就是教戰守則。它是在告訴我們，真心對待，不做作、不衝動、不欺瞞，即使話說得少，但有時無聲勝有聲，還是能打動對方的心。與所有的運動比賽一樣，愛情，經常是越少犯錯者，越接近勝利。

男人的心一旦陷入對自己人生前景的迷惘與沮喪，
只有女人的柔情才是治癒的良方。

13 芭蕾舞鞋

分手的枷鎖

很多男女提出分手時，或許會認為，帶給對方的心靈痛苦「一下子」就會過去了，長痛不如短痛，所以絕決地以果斷、甚至殘忍的言語切斷情緣。

其實，痛苦經常不是一下子，更不是只有心靈受創。身心俱疲的道理，對於失戀者，一定可以體會。科學的說法更印證這項認知。

當情侶分手時總會有一方非常的傷心，尤其是面對交往已久的伴侶，要說離別更是傷心欲絕，可能會有好幾年走不出傷痛，連身體也會跟著有疼痛感而出問題。專家要強調的是，其實傷心也會傷身。根據專家的研究，人們在遭受人生重大變故時，心理情緒上一下子遇挫太嚴重，使得身體裡的痛感神經也跟著產生作用，因此身體也會感到不舒服。

透過實驗我們來探討一下人的「心理」與「身體」反應，科學家找來六十位，在這一年內因遭遇重大變故而受到心理創傷的男女。科學家用磁核造影的方式來，來觀察受測者的腦部變化，科學家再用談話的方式與受測者聊起了受到變故的情形和如何度過艱難時光，然後以感熱棒觸及受測者的皮膚，觀測他們在磁核造影下的腦部活動。

研究學者發現，當受測者被問起並回想他們遭受變故打擊的那一刻，他們腦部的疼痛區非常的活躍，而皮膚上的感熱棒也開始讓受測者有一點疼痛的感覺。此一發現讓科學覺得很合理，尤其是面對分手的男女，更是心理上無法負荷的極度恐懼，隨著恐懼伴隨而來的身體疼痛是無法形容的。

時間是良藥

儀器證明了傷心之餘的生理反應，身體的傷痛感並不遜於心靈的憂傷。不過如我們所熟知，研究也指出，時間確實是最好的良藥。隨著時間流逝，人們有自我復原的機制與能力，人類有限的記憶能把過去的傷痛感給慢慢的淡忘掉，原因是新的正面記憶一直不斷的輸入腦中。

「分手」在男女交往中是令人最不捨、難過的事，但若不得不然，也要以優雅、技巧且平和的方式處理，避免讓痛苦感覺深化。沒有人希望對方的傷痛不去，就如研究所說，那需要漫長的時間才能復原。

這不禁讓我想到優雅的芭蕾舞者，她完全可以作為失戀男女的學習對象。芭蕾舞者無論起身縱跳或輕盈旋舞，永遠有個支撐點。芭蕾舞者穿的硬鞋，鞋尖處有個圓頭，是用一片片的布糊上去的。鞋尖的圓圈彷若一個「平面跳台」，讓舞者可以有着力的支點，踮腳做出各種美麗的肢體動作。

同樣的比擬，愛情的形影無論如何的曼妙，同樣需要一個心靈支點，保持心理的平衡，即若因愛情而心靈雀躍，又一朝受挫落地，仍能如跳躍過的舞者，落地後仍有支撐，舞姿依然優雅，且踩回地面的勁道依然強勁，才能借助反作用力而持續跳躍。愛情受了傷，也要保有健康的心理素質，作為再出發的心靈跳台，那麼，愛情就仍有再次雀躍的美妙期待。

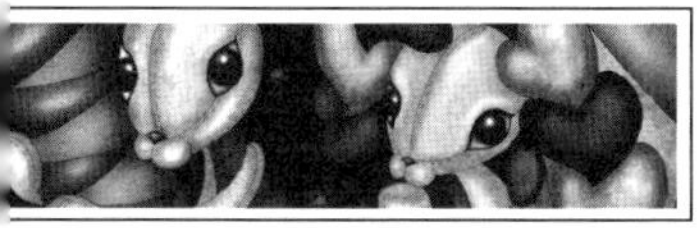

14 女人生氣：愛情的障礙賽

【場景一】「生什麼氣呢？我不過晚了半小時回電，怎麼曉莉就氣呼呼地，也不聽我解釋？」學員小志有一回下課離開後，又折返回來一臉無奈沮喪地對我說。

這場景，戀愛中的男人都不陌生。遲到幾分鐘、一下子分了心沒聽清楚女友說話，或是禮物送的不合意，結果都是一樣，女友生氣了。任憑你解釋、抱歉，甚至是陪笑臉、說笑話逗她，沒個一刻半晌地，怒氣是無法平息。你只覺得莫名奇妙，但確實，戀愛中的女人好像什麼都能氣，生氣頻率似乎不低。

戀愛中的女人是天生的設障專家

生氣的頻率，當然是相對於沒談戀愛之前。追求前，發現對方是個溫和且好說話的女孩，怎麼一追求起來，卻這麼難溝通、且火氣不小。「你弄錯女人的性情了，曉莉其實不是個愛生氣的女孩，只能說，女人談起戀愛，連自己可能都不清楚會有這麼多的情緒。」我笑著對小志解釋。

戀愛中的女人，我將之形容為「障礙比賽的佈置專家」。從心理學解釋，女人會在這個時候不自覺地以各種看似「彆扭」的情緒來「為難」男友。但請注意，她們並不是刻意為難，而是她們「考驗」或說「試探」男友愛意底限的潛意識。

這樣的愛情經營法是因為男性在追求女性過程中，會讓女生有受寵的意識，有時體貼的男友還真會像對待女王般的對女友呵護倍至。這是女性一生中很難得的特殊美好時刻，女性不自覺地就會希望男友能完全讀懂其心意，並絲毫不差地做到盡善盡美，這也是出自安全感的心理，因為若戀愛中都有這麼些的不確定差錯，那日後的相處怎麼放心呢？因此，所有戀愛時相處的互動，就可成為女方檢驗男友的時刻，比如約會時間、受贈的禮物、喜好的事物等，都好似設下如田徑場上的障礙高欄，男方得一道道地努力跑跳跨越。而設障礙的方式，在外人的眼裡大多是無事生非、小事鬧大。

「季老師，我能懂你說的了，曉莉雖然嘴巴上怒氣未消，但心裡應該也認為這

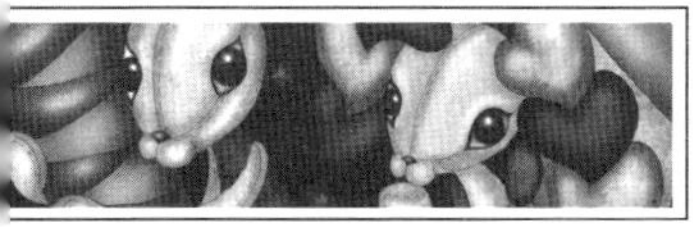

事沒什麼大不了。」小志苦笑著，「不過，經常這樣的話，我可真是受不了了。」我笑得點點頭。適可而止，是相處的藝術，太多的障礙只會讓努力的選手疲累，無法跑到幸福的彼岸。

15 那些小動作告訴你的愛情心理學空間

【沉默的告白】

美國的心理學家、同時也是一位作家的凱文・霍根曾說，男性有別於女性，喜歡用言語來表達情感，但男性的肢體動作卻洩漏出心中真實的念頭。想掃描男人的內心世界，得學會將小動作的資訊輸入你的大腦。有一些美國的刊物不時會有些心理專家的探討，茲將一些內容分享讀者：

(1)**針對狀：**很多女性常會抱怨，和男性說話時，彷彿磁場不合、沒和對方對上頻道，因為對方似乎沒有正眼、且專注地互動。是的，就如人類學家海倫・費舍爾曾表示，若男性正面朝向你時，這代表試圖引起你的注意。意味著「關注我，我很重要」。他希望顯現在你面前的重要性，相對地就代表對你的重視，也願意認真聽你說話。

(2)**輕鬆狀：**當你與男方說話時，若男性雙手抱肩且表現出放鬆，甚或狀似

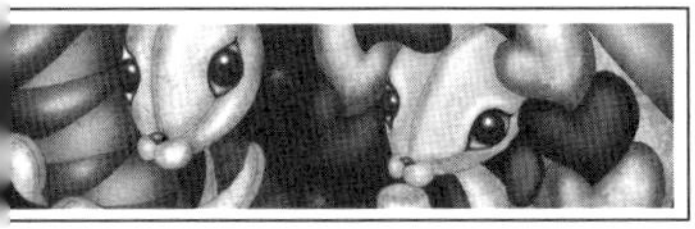

慵懶，那是希望藉此讓女方感受到易於親近、避免讓對方感受到壓力與強勢，這可以讓女方感受到與此異性在一起很輕鬆自在。這是費舍爾的說法。

(3)微啟狀：當一個男人對你有好感，他在你的面前，唇部可能會有瞬間的機械性的開啟。這是一個很細微的小動作，得很留神才會注意。男生通常較女性不善表達，這極有可能是欲言又止的一種下意識。

(4)在意狀：倘若男性對你做出很細微的體貼之舉，諸如拍掉你衣服上的塵埃，或是撥開擋住你眼睛的頭髮，那你要注意，這是一種在意你的訊號。越注意與你相關的小細節，就表示越關注在意你。

(5)手勢狀：男性的手是重要的觀察指標，若是男性真誠，那他在與你互動時會刻意避開觸碰你的腰部和胸部等。避免觸碰一些敏感部位，是代表他對你的尊重與在意，當然還有一定份量的好感。當然這是指認識的初期，熟悉且有彼此認定後，自然會有更親密的接觸。

(6)震驚狀：若在你與男性聊天時，男性出現不經意的揚眉動作，甚至不時露出驚訝表情，那是一種投入、表示與趣的意涵，代表他對你懷有喜愛感覺，甚而期望進一步交往。

小動作，大涵意。男人多數不善用言語表達心靈深處的感受，所以許多女性會認為男性太木訥沉默，完全摸不清男人的心意。但是若能從一些小動作觀察，他們的肢體語言，早就「大聲地」說出了最真的想法。要讀懂男人，除了耳朵的「聽其言」外，更別忽略「觀其行」的重要性。

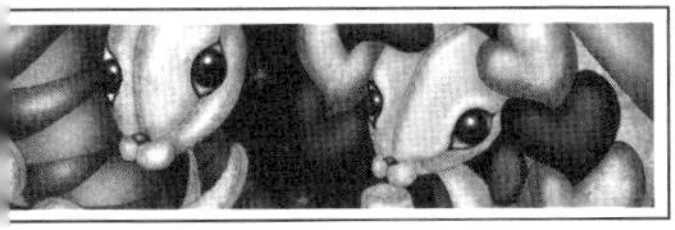

16 眾裡尋他千百度

英國倫敦市中心特拉法加廣場邊上一間燈光昏黃，但裝潢時髦的酒吧裡，不少單身男女促膝而談，自我介紹。這是近年來在英國十分流行的速配晚會。每個參加單身的男女匆匆交談，就是尋覓、力爭速配的對象。從握手致意、自我介紹姓、說珍重再見，只有短暫的三分鐘時間。而在一個半小時之內，所有與會男女都要彼此見到面。

這類多對多的快速相親活動，早就搬上電視了。像是台灣早年的「來電五〇」、「我愛紅娘」，大陸的電視台也頻頻地推出類似的相親節目。這類節目都有極高的收視率，代表婚配管道確實是適婚的忙碌現代人之迫切所需。在節目上，往往會有某個比例的男女被配對成功了，但真正私下有因配對成功而交往的又有多少呢？

曾經有英國研究報告指出，參加這類閃電約會活動的男女，要在這類活動中找到適合自己的伴侶是有點困難的。而且當發現適合自己的對象還不少時，甚至會更難以選擇，弄到後來反而連一個都沒選上，從而浪費了寶貴時間。

一份實驗調查，有一千八百七十六位的女性和一千八百六十位男性，他們都參加過此類配對的活動。愛丁堡大學研究人員愛麗森．倫頓對他們進行調查與研究，根據調查統計，參加此活動女性平均年齡是三十三歲左右，男性約三十六歲左右，在工作方面，女性和男性有百分之二十五是企業管理與行銷的上班族，其他則歸類於電子技術性人員或其他職業。換言之，都是適婚且工作穩定的受測者。也使得實驗結果頗具有常態的代表性。

配對活動給三分鐘的時間，讓來參加的單身男女有一對一面對面交談的機會，三分鐘時間一到就必須更換下一名與你交談的異性對象。據統計，在類似的活動安排中，單身男女能認識的異性大約是六十二人左右。這麼多的異性對象，不難出現看對眼的情況。但問題是，時間過於短促，心理上無法一下子就能調適好，思考上也是一片空白，當然就無法判斷該選擇誰來當自己最適合的對象。

一對多Vs一對一

研究人員發現，一場大型配對活動結束後，若此場活動的男女條件，剛好也符合此場男女心裡所想要找的異性條件，亦即先行設定好兩性條件情況下，通常會有逾百的參加者表示有看中自己喜歡並願意交往的異性；不過，當男女條件不一的情形下，

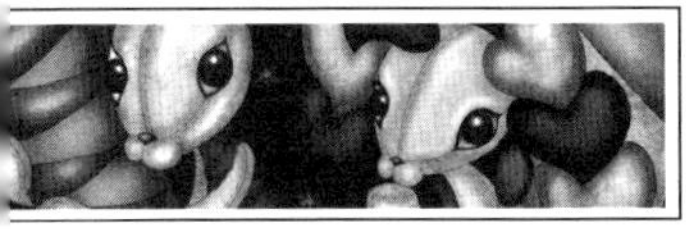

只有少數的幾十人表示在這次活動中找到了適合自己的對象。結論是，看上的不少，但「萬中挑一」想要挑選真正交往對象，反而成了選擇困難。

心理學有一說法：「就是當面臨很多選擇的時候，其實往往等於沒有選擇。」選擇多元，固然是增加選擇的機會，但是太多選擇反而無所適從，人往往只需要單純而已。閃電約會要覓得伴侶並不容易，就可想而知了。或許最好的婚配管道還是自然發展最好。當然在忙於工作，交友不易的情下，各種相親管道仍是重要的擇偶方式。差別或在於，參加這類「團拜式」的活動，效果可能還不如請朋友介紹的個別相親來得好，至少這是經過過濾的結果。愛情想眾裡尋他，從量大尋找質精，確實如大海撈針，絕非易事了。

17 傲慢與偏見

【情緒記憶 Vs 情境記憶】

心理的諮商分析會談到一種分野，就是「情緒記憶」與「情境記憶」。大意是，當事件發生後，我們多會有兩種記憶留下，一個是事件情形的記憶，如事件經過等；另一則是，這個事件發生時的所產生的情緒記憶，比如憤怒、悲傷等。

不少的事例，我們比較會留下情緒記憶，只記得那些事情留下的情緒反應，比如小時候遭到老師的處罰責打，所以長大後看到老師，那種害怕的感覺會再度浮現，害怕就是情緒記憶。相對地，我們可能忘了為什麼被打？一定是有某種表現不佳所以老師才會處罰。但情境的記憶卻屬細節，反而模糊不再深刻。

簡單說，我們容易因為過去的某種相似情境出現，就會出現當時曾有的情緒，卻忘了分析與區辨，其實那是情境造成的，當換了時空，就不會出現同樣

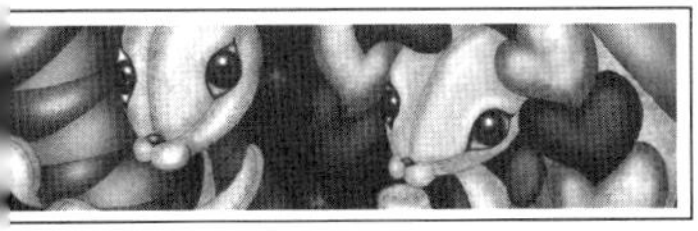

的事情經過，也不該再有同樣的情緒反應了。就像看到曾經打過自己的老師，不該在相逢後又感到害怕一樣。

一則新聞引發台灣社會熱議：

一位三十七歲的熟女透過網路視頻認識了一位外籍網友，男網友聲稱是美國四星上將、並將出任中情局長，更有意參加美國總統大選，並表示，勝選後將讓她成為美國第一夫人。女方因持有數十張旅行支票在前往銀行匯兌時，被發現是偽造品將惹上官司，因而使整個事件曝光。網路詐騙熟女的案件不少，這樁新聞之所以引發社會譁然，喧騰一時，主要是女方擁有美國佛羅里達大學物理博士學歷，且時任台灣一家高科技公司的工程師。

女方雖然曾多次要求男方來台相見，但對方都以託詞回絕；但奇怪的是，女方的懷疑沒有強化，反倒是越陷越深。男方許多荒誕的說詞，如「我若勝選，你就是美國第一夫人」、「這段愛情婚姻有政治風險，但為了愛情，引發第三次世界大戰也無所謂」等，一般人可以立即譏評駁斥的空洞謊言，卻成了女博士的山盟海誓。尤其，當對方以各種藉口向女方索取金錢週轉，如以私人軍費、結婚基金等藉口索取金錢，女方依然不疑有他。即便警方告知應是遭網路詐騙，但女方始終深信：「我的愛情是真實的，未婚夫很快就會搭軍機來接我了！」

這則新聞閱讀後不免讓人興起「其情可憫，其愚不可及」的感嘆。高學歷的資優生，怎會看不清一般人顯而易見的愛情騙局呢?從心裡分析而言，有兩個可能的成因：第一是「知識傲慢症」。這是潛意識的一種反射，認為學歷不如自己優秀的他人，怎麼可能對自己進行指正呢？「我怎麼可能會被騙？」的高度自信，使得內心發覺出錯，但也不願承認，反而努力尋找支撐的論證，從而越陷越深（在我們的觀念裡，似乎缺乏知識的村夫民婦容易受騙，但其實未必，高學歷者同樣是高受騙族群，原因即在於此）；第二是，「對的時間錯的人」效應。原本一樁成功的愛情同樣講求天時地利人和，但有時候，卻在最渴望有人呵護的心情缺口，適時出現了一位別有所圖的竊取芳心者，很容易就一時不察，寧信其愛的淪陷下去了。

此事件事過一年後，媒體曾深入訪問當事人，發現她成長路上的愛情經驗並不

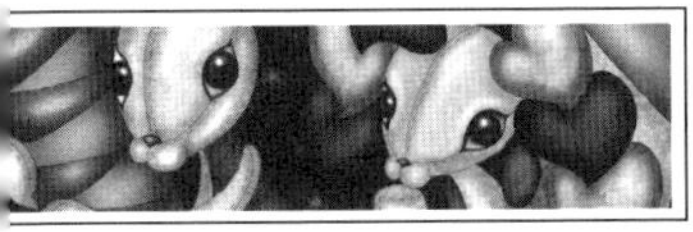

順遂，常是剛遇上一段純純的愛之後就嘎然而止。似乎落寞的芳心，總在人間找不到一個歸處。

整體分析來說，她的「情緒記憶」很可能停留在某種愛情初萌時的單純與美好，但是忽略了成年世界或網路的險惡。那種為愛付出的情境早就不同了。情境的記憶沒有留下好讓她分辨。而且，她來自一個經常有爭執、氣氛不睦的家庭，內心自然是充滿對愛情與親情的特別渴望。愛情的心荒，來了口蜜腹劍的愛情登徒子，往往就賠了夫人又折兵了。有統計顯示，熟女的被騙率居高不下，且往往是未婚者。別讓愛情的嚮往影響了理性的精判，這恐怕是未婚熟女的另一種愛情必修課。

18 相親約會聊什麼

一位女性朋友跟我說：「每次和男朋友約會都好無聊喔！他常在談開刀時手術刀要切割的角度，以及醫學理論，我只能微笑、但無言以對。」女性友人的男友念的是醫學，總是把課堂話題帶到約會場合，所以女性友人有了這樣的感慨。

那麼，相親、約會，聊什麼話題最好呢？英國知名的心理專家理查·韋斯曼（Richard Wiseman）曾經和愛丁堡國際科學展以及兩位同仁合作，一起探討尋找戀愛對象時，最好的搭訕話題和閒聊話題，這項研究是以一個大規模的速配約會為實驗場地。舉辦速配約會的幾個月前，研究團隊先在公開徵求想一起探討異性相吸原理的單身男女。結果有五百位報名，團隊隨機挑選了男女各五十名參加。

實驗的約會地點選在愛丁堡一家富麗堂皇的飯店內舉辦，符合燈光美、氣氛佳的約會要求。一開始時，一百位參加者隨機坐在五個長桌邊，每張桌子都是男女分坐兩側。韋斯曼等工作人員請其中四張桌子的人只和約會對象談特定的話題，分別是常見的：嗜好、電影、旅遊、和書籍。第五桌則是對照組，可任意談各種話題。然後大

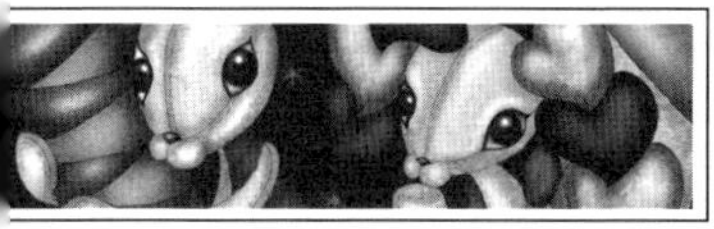

家開始和對面的異性聊天。聊天時間不長，三分鐘後，請大家各自評估聊天的對象，比如對方的外型？交談的默契？最重要的是，還想和對方見面嗎？隔一會兒後，每個人再和不同人配對。實驗過程是大家都經過十次的速配約會聊天。

活動隔天，韋斯曼研究團隊把多達一千五百多頁的資料輸入試算表中，觀看結果。只要有兩人表示願意再和彼此見面，工作人員就會把電話號碼寄給彼此。成果是：約有六成的人至少拿到一個人的聯絡資料；表現更好者，有兩成的人可拿到四個人的資料。從性別上比較，女生比男生挑剔。但是最受歡迎的男女都有百分之百的成功率，亦即當晚十個約會對象都願意和他們再見面。

至於不同話題，則產生了不同的成功率。聊電影時，想再見面的，不到百分之九，但聊到熱門話題「旅遊」時，想再見面的則有百分之十八。為什麼兩者差距頗大？由這數字可以推導出一個建議，就是相親時宜避談電影。韋斯曼表示，當天約會活動之前，曾請大家寫出喜歡的電影類型。比如，百分之四十九的男性喜歡動作片，而女生喜歡動作片者則僅有百分之十八；相對地，女生喜歡歌舞劇的有百分之二十九，而男性則只有百分之四。可見，男女對電影的喜好類別差距頗大。活動中，韋斯曼每次走到談論電影那一桌時，就會聽到彼此爭辯的聲音，而到了談旅遊的那桌時，話題就會圍繞著美好假期與夢想的目的地打轉。當然，話題讓氣氛良好，也讓談話者更有吸引力。

話不投機半句多，古有明訓。可見，找對話題，才能有彼此的共鳴，也會增進談話的氣氛，增加彼此的吸引力。很多男性喜歡將工作場合的專業話題帶到約會裡，其實不是很聰明的作法。工作上的話題當然可以聊，但要適可而止，否則就成了上課教學，愛情自然也浪漫不起來了。或許你說，旅遊話題不擅長，那就聊美食和寵物吧，這兩項也是容易和女方聊得開心的話題。

19 客觀，不客觀

【戀愛客觀化】

這是一個講究數據與調研的年代，許多原本該屬於新靈感之層面的事務，都透過各種模型或是標準的設立，加以客觀化的測量。連惟心的愛情也不例外，例如外表的標準即是。

戀愛中的男女太過重視伴侶外表，會降低對戀愛的期待與感動，因為當對方達不到自己的要求時感覺就會變得很消極，之後在此慢慢的疏遠對方。於是，出現了一種所謂「愛情客觀化」的題材與研究。這是一項新的研究題材與思考。

何謂客觀化？就是測量男女在戀愛中伴侶的外表、穿著之滿意度，之後就能得出你對愛情是否「客觀化」的結果，因為男女在交往時總希望對方能照自己的意思來打扮，這樣才能滿足自己的審美觀與虛榮心。「客觀化」一詞，較偏學術的說法，且客觀兩個字原有正面的意涵，反而不容易讓人讀懂。簡單說，就是對異性的「外表在意程度」。

愛，不是用眼睛看，而是用心去看

愛琳，是加州大學的學者，她對一百五十九名大二學生進行問卷調查，問卷內容是對自己的戀愛狀況和對另一半「客觀化」的感覺與認同度。比如詢問的是，你會在意對方的一些特殊動作嗎？你會喜歡對方約會時的穿著裝扮嗎？諸如此類的問題讓學生進行填寫，測試結果出爐，不意外的是，男性對於伴侶的客觀化遠高於女性。

客觀化讓情侶交往滿意度降低，親密關係也因此降低。由於太過注重外表而產生副作用的心態與感覺，卻忽略了愛情不是只有外表，而是面對對方有更深一層的相互扶持與關愛。男性尤其要注意這一「外貌協會」的心理傾向。

重視外表是人的天性，但太過重視外表是永遠找不到好伴侶的，因為一個比一個帥；一個又比一個美，這樣反而會變得茫然與物化。

關注外型，就像關注對方身上的體面名牌服飾，今天穿的是亞曼尼、明天穿的又是另一個時尚潮牌，衣，永遠不如新，而當退去衣服時，人的本質是什麼才是重點。

再名牌高貴的衣服，總不能一直穿在身上，再姣好的外貌，總有老去遲暮的時刻，內在的本質、共處的靈魂契合，才是終究決定融洽程度的關鍵。

尤其，人的美與好是多元的，因此「客觀化」，反而不是真正客觀的愛情了。我很喜歡莎士比亞（William Shakespeare）的一句話：「愛，不是用眼睛看，而是用心去看。因此，有翅膀的愛神邱比特會被畫成兩眼全盲。」只要真心對待，互相關懷彼此，這才是真要追尋的愛情。

20 女愛寵物・男迷電腦

英國女王伊莉莎白二世最親近的朋友，是她的馬和狗。女王的表妹曾說，女王在少女的時期便知道自己有一天會繼承王位。深知守口如瓶的重要，因此心裡有很多話，只向自己心愛的的柯基犬和愛駒傾吐。

女王的寵物對話是職位使然，但現代的女性，尤其是頗多的單身女孩竟也一樣，與寵物說話的時間，比和異性還多。而男性呢，不遑多讓，跟電腦對話的時間，遠多於跟異性說話。

德國《NEON》雜誌就曾針對十八至三十五歲年輕人進行研究，這群網路世代經過調查後所呈現的趨勢是，將近兩成的德國年輕人，寧可不要親密關係，也不要長達1年不上網。調查顯示的正是許多年輕男人的行為與心理縮影，亦即對網路的需求大於對性的需求。

一個人商機

再看日本，日本目前流行「一個人的商機」，不婚、離婚、晚婚的單身者越來越多，於是許多針對單身族的服務型態不斷出現，如「一個人的卡拉ＯＫ店」等。習慣單身，與寵物和電腦對話現象日趨嚴重，也代表兩性交流的減少。相親的重要性，或將重新被重視，畢竟這是改變單身者心理與行為，並搭起兩性橋樑的不錯方式。但是這現象從心理學分析也同樣重要。

排除掉異常，或是某種上癮症（比如有些男性上網成癮）的情形，與寵物或是電腦對話，是心理孤寂的一種投射。人為什麼選擇孤獨呢？就心理的分析來說，有兩種主要因素：

(1)**「越熱鬧越寂寞」心理症候群**：心理學解釋的一種現象是，有些人到了人多的熱鬧地方，不僅感受不到人氣的熱絡，反而因為孤陷在人群中，更心生深刻的孤寂感。兩人世界也是，他們容易緊張、靦腆、與人沒有連結感，無法有群體感，所以退縮在自己的世界裡，怯於與人交流，寧可與電腦與寵物溝通。

（2）**無法產生心理共鳴**：接不上人際間的互動頻率，無論是對方的話題對自己完全沒有感受，或是自己感興趣的話題，無法找到對話的知音，都會產生不如不說的潛意識。

西方人有句罵人的話說：「我認識的人越多，我越喜歡狗。」暗指的意思就是人不如狗。無論何以至此，但心事寧對寵物說，也不願對人說，對人的信任，對愛情的憧憬與修成正果的機率，都會大打折扣了。與寵物或電腦對話，雖然輕鬆沒有壓力，也不必顧及對方的反應，但其實這是某種程度的自言自語，放棄了交流與更多人際互動，是越來越明顯的兩性趨勢，而要逆轉這樣的趨勢，或許就是一句笑話說的，「不苟言笑」，諧音的趣解是「不要跟狗說笑話」，多跟人說吧！難溝通、怕溝通，都須多溝通才能真正克服。

21 愛是靈丹妙藥

二〇一二年二月底，英國《每日郵報》曾報導，英國一名四十九歲的婦女，因嚴重心臟病發，在醫生搶救三小時，被宣告「技術上已經死亡」的四十五分鐘後，竟在老公於病榻旁深情低喃「我愛你」，以及三名子女的親情呼喚後，奇蹟般地起死回生，現在已經離開加護病房，令原本哀痛的家屬與醫護人員既驚又喜。

愛是最佳的止痛劑

當愛情（親情亦然）發生，奇蹟就會發生。那是因在愛情的世界裡，人人都變得勇敢，有時雖會「示弱」以求相處和諧融洽，但更會表現堅強，只因為不想讓伴侶擔心與失望，於是看似不可能的戲碼，最後都了真。愛情的力量如此偉大，它可以給人無限力量，也能使處於極大痛苦的人勇敢活下去，只為了和自己心愛之人在一起。

人無法與天爭，然而一旦老天讓心中摯愛受了傷害，即使是天意，也要逆天大聲抗議，就算需付出極大代價，也無怨無悔。因愛源生的勇氣與力量，太多的故事可以印證。正因如此，它帶給了伴侶無比求生的意志、與盡速康復的渴望。愛是良藥，絕不是精神安慰的說詞而已，科學家已為我們證實了答案。加州洛杉磯大學研究結果指出，「人們可以從愛中使自身痛苦減輕許多」。

在實驗過程中，研究人員讓女性觀看陌生男子與女男友的照片，並讓女性手腕上帶著一種能使手部抽痛的儀器，儀器疼痛度可分輕中重等三級，在女性看著陌生人照片的同時，研究人員將儀器從輕度慢慢提升快至中度時，但還沒有達到中度，女性就痛得受不了便要求停止。

接下來，在過了十五分鐘後，研究人員讓女性看男朋友的照片，同時開始調整儀器，調至中度時女性的表情然並沒有感覺到疼痛的跡象，一直調至中度又過了三分之一的刻度時，女性開始疼痛的要求停止。

又過了十五分鐘，研究人員讓女性的男友陪在女性身邊與讓女性握住男友的手，並開始調整儀器，儀器依然從輕度抽痛開始，當儀器調至中度又過了三分之二的刻度時，女性表情只微微顯出疼動感，一直到調至重度時，女性感覺雖然痛苦，但跟前兩次比起來，痛苦似乎減輕很多。這是一場經過六十對情侶的實驗結果。

實驗結果顯示，在接受三階段疼痛的實驗測試中，女性在男友的陪伴下，看著男友的面孔、握住男友的手，此時實驗的疼痛感，明顯弱於觀看陌生男子的照片之真實疼痛情境下的感受。

【真實案例】一對情侶交往很多年，該是論及婚嫁的時候了，於是男生跟對方求婚，女孩心動了，兩人便開始準備籌辦一場浪漫的婚禮。有一天女孩發生了一場嚴重的車禍，男生接到電話後急忙衝到醫院，病床上的女孩兩隻腳已被截肢，之後經過了好長一段時間，女孩總是鎖住自己的心房無法接受遭遇，事後的復健更是痛苦不堪。但男孩一直不棄不離的陪在女孩身邊，甚至去醫院學習如何親自幫女孩做復健。當男孩輕輕握住女孩那被截肢的雙腿準備做復健時，女孩掉下眼淚了；不是因為疼痛，而是內疚與感動，女孩漸漸地發現已不再那麼疼痛，是的，正因男友付出的愛與溫暖，讓女孩的疼痛麻醉了。

愛情的力量真的會有這麼大嗎？也許你會懷疑？但試想，如果有一天生病了，另一半不眠不休陪在身邊，窩心的他在你心裡的那股溫暖，即使病情尚未康復，生理的傷痛也依然存在，但愛情就能給予勇氣，源源不絕地賦予你面對與承受的療癒能量。

自古以來，愛情是最佳的止痛劑，也是最大的奇蹟。

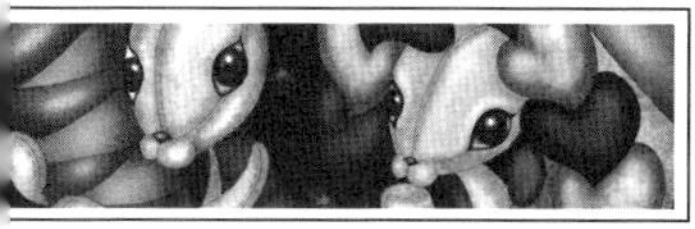

22 愛情考古學

考古學Vs未來學

小正，是我的學員，對於外型極沒自信，對愛情裹足不前，也影響擇偶的追求動力。我跟他先說了一個笑話，以及以下的兩個心理學實驗。

有個笑話說，女人所嫁丈夫的職業，最好是考古學。因為有了這樣的老公，女人就不必擔心年華老去，反而在考古學的丈夫眼裡是越陳越香，越發有累積的價值。

但是女孩最擔心的是，男人似乎總喜新厭舊，雖然理想的對象是考古學丈夫，只是男性心儀的多的是「未來學」。越年輕越新鮮，男人越感興趣。於是問題來了，喜新厭舊是否真是不變的鐵律，愛情經營的最大疑慮？

多看效應——看久了越喜歡

心理學家查榮茲曾經為此做過一個實驗。他準備了一些人像照片，然後出示給接受測試的實驗者觀看。查榮茲以不同的出示次數請實驗者觀看，有些照片出現達二、三十次，有些照片則出示十多次，也有照片僅出示一、二次。

經過出示程序後，查榮茲請受測者點評對照片的喜愛程度。結果發現，觀看次數與喜愛程度成正比，也就是受測者觀看某張照片次數越多，就越喜歡這張照片。亦即，「看久了越喜歡」的現象，就被稱為「多看效應」。

很多人會擔心外型不佳，顯得自卑退縮。但其實，或許初期外貌醜會讓外人覺得難看，但看多之後，就不再覺得難看了。許多出現電視上的人物，就是很明顯的例證，乍看覺得不好看，但之後就接受了。

愛情會讓我們美化對方

英國也有一個實驗：心理學家將熱戀中或渡蜜月的男女，分別拍了些照片。然後利用電腦修圖技巧，將男女雙方的照片有些修改得更帥更美、另外有些照片則反而修改得更醜更難看。然後分別在拿給照片人物的伴侶觀看，結果伴侶都會選擇比較好看的照片版本作為另一半的形象。

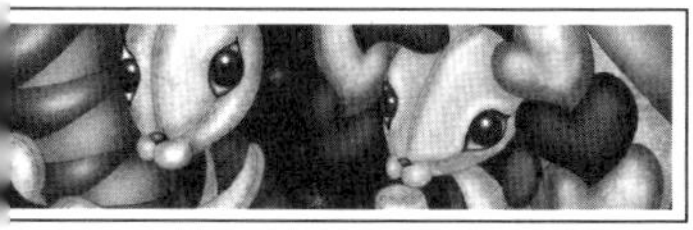

經過美化的照片與伴侶的實際模樣有段差距，但伴侶仍選擇了比本人更美更帥的形象。實驗結果表明：「愛情會讓我們美化對方」。

這兩個實驗是要鼓勵世間缺乏自信的男女，要突破心理障礙，就得積極作為。就像有句話是：烈女怕纏郎。很會死纏爛打的男人，最後好像總可如願以償，歷經艱辛抱得美人歸。日久生情也好，久看效應也好，想追求到手，就得給對方機會多「看見」你。當然仍需適可而止，超過臨界點，反而會讓對方心生厭煩。而一旦對方給你機會後，你也不必靠整形去改變形貌，因為愛情會讓伴侶自動將你美化，這就是愛情的魔力。

23 一生有約

唸中學時，台灣流行一則故事。內容是：

有位高中生每天都要從居住的地點，搭火車來台北讀書。每到週三，高中生在候車室裡，都會看到同一位已屆中老年的婦女孤伶伶安靜地端坐在月台的椅子上。起初高中生不以為意，但他通勤的三年裡，同樣的時間，婦女就像定時鬧鐘般，風雨無阻地定格現身。婦女從不說話，只是安靜地坐者，偶爾若有所思的眼神會飄向遠方。她的穿著老式，但看得出經過打扮，腳邊有一只舊式的皮箱，以她的年齡提拎起來已顯沉重。鮮明的形象就彷彿一幅人物畫。

高中生考上大學了，住校了，不需每天通勤上課了。有一天在報上無意看到一則新聞：某車站有位婦女臥軌自殺，身旁皮箱內的衣物散落一地，車台上的留言板上，寫著：阿貴，等你二十五年，沒等到你，我先走了。

高中生驚覺聯想起這位三年來「最熟悉的陌生人」。好奇心驅使，他假日

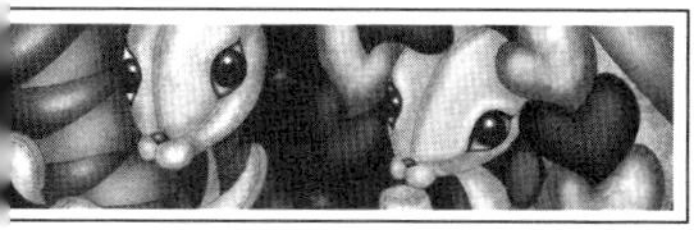

時候回到車站，問了老站長，這才知道，在日據時代，這位婦女有位心愛的男友，但遭家裡反對，於是約好了時間與情郎準備搭火車私奔。但如留言板上所說，婦女依約來了，但情郎不知何故爽約了。於是，終身未嫁的她每到週三就守著諾言等候情郎……，而一等就是二十五年的青春。

這則流傳，後來還收錄在台灣一位偶像歌手的唱片專輯裡的歌詞故事。

愛情隱身

「季老師，朋友介紹一位異地的男性朋友給我，透過網路聯繫後，頗有好感，也相談甚歡。每到了周六的五點，他一定會上線和我聯絡聊天，儘管未曾謀面，但是固定的線上約會已經成了生活的習慣。但不知何故，他後來消失了，不再上線，很令人悵然。儘管失聯了好久，但每到週六的五點，我總習慣地上網看著好友名單中的他是否會出現？請問不告而別是什麼心理狀況？」有回座談會，一位女性觀眾問我的個人案由。「我不能明確地給個心理名詞，不告而別的原因很多，可能你的某句話不自覺地傷了他，也或許他覺得自己有些心裡的關卡過不去，也或者是你給他的回應讓他感受不到繼續下去的動力。但我知道的是，線上交談有『隱身』的功能，很可能他一直在同樣時間固定上線，並未曾離去，差別只是他以『隱身』方式出現而已。你試著主動喊他吧！或許你們兩個人都各欠缺了一次主動而已。要記得不留下遺憾的最好辦法，就是永遠給自己再一次的機會。」她聽我說後，微笑地點了點頭。

給愛情一個漂亮的退場

不告而別的英文說法是French leave，字面上看是「法國式離去」。據說，十八世紀時，因法國人的性情自由浪漫，即便是在參加宴會等社交場合時，也會隨興地沒向主人招呼告別，就自行離去，而因此有了這一說法。

但不告而別絕不是浪漫瀟灑的同義辭，「為什麼搞失蹤？為什麼沒給我一個說法？」這是千古愛情當中，不告而別的案例裡，每一位當事人心中永遠的吶喊與疑問。心理學似乎並沒有給這種情況作名稱定義，但是心理學倒是提到，一般人遇到壓力時，會有幾種制式的反應，分別是：對抗、躲避與昇華。當壓力來時，就是選擇方

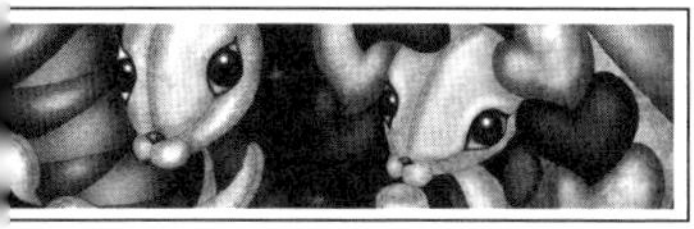

式的時候，情人希望「不告而別者」能一起努力對抗外界的阻撓與壓力，更希望對方能成熟地將壓力昇華成愛情彌堅的插曲與見證，但多數的人，就像故事裡的男主角，卻往往選擇了臨難的逃避，這是最廉價且不負責任的不作為形式。然而留下的愛情遺憾，就這麼讓另一方總在熟悉的時地流連忘返，緬懷追憶，儘管已事過境遷多時。雖然聚散有時，但不明不白不負責任，是世間男女都不該出現的逃避行為，縱使情深緣淺、有難言之隱，都該給個台階，讓忘了說、來不及說的話傾吐而出，彼此漂亮退場，無論是否修成正果，這才是愛情的應有優雅。

心，若沒有休憩的地方，
到哪裡都是流浪。

Part 3 婚姻篇

樹葉的離開，是風的追求，
還是樹的不挽留

- 婚姻是女人的全部，卻只是男人的部份。

- 愛情是兩個有交集，但非重疊的圓。

- 若一個男人以女性能幹為由，反而懦弱退縮，並在其他更弱不經事的女孩面前去表現自己的男人自尊，那麼這種不成熟的男人不要也罷。

01 我不美，我是小三

「堂姐，這次錄取的祕書小姐，我看到人了，長相很普通，你可以放心啦！」

志文在堂姐夫的科技公司任職，除了襄助堂姐夫的業務推廣外，剛好也監看祕書是否會和堂姐夫搞曖昧？

「志文，你不懂。長相普通的女孩，才更令我擔心。」堂姐的回答令志文甚感不解。

野花不香

小說中、戲劇裡，男主角的外遇對象大概一定合乎手段高、長相嬌兩個條件。狐狸精成了外遇小三的代名詞，但在我遇見的案例中，其實往往不是如此。很多第三者其實長相平凡、更談不上手腕高明。但是依然淪為小三的處境。而且長相平凡的小

三的對象，也常是有一定社經地位的男性，更與想像相距遙遠的是，男性的妻子經常有著姣好的容顏與不錯的學經歷出身。從客觀上比較，「野花」絕對比不上「家花」，但家花卻成了「相形見拙」者，何以如此呢？

純粹家花比野花，家花擁有明顯優勢，但關鍵是，陪伴男性工作、與其長時間相處者，卻是野花。家花是合法的夫妻，而有一種情況是，男人，尤其是認真於工作的男人，常常不自覺地需要「事業夫妻」。創業與經營事業過程中，往往有很多的心路歷程以及心情起伏，認真投入的男性，常是很寂寞地孤軍奮戰。

你會說：「有其他的男性工作夥伴呀」，是的，但是男性由於競爭關係，或是個性好強，往往不輕易流露感情。而一旁的祕書，卻總是將這男人的喜怒哀樂、甚至是成敗成功，完全看在眼底。甚至有些過程，祕書還實際參與，革命情感加上女性的傾聽特質，久而久之，這男人心裡面想的事業問題，只有跟祕書說，才有共鳴。

你或許會說：「也可以跟老婆說呀！」或許是，但不容易，因為上班回家很疲累，還要將來龍去脈解釋一遍，老婆才進入故事情境，真的太累了。

愛情世界有時候很不公平，美麗的妻子辛苦持家，將一切打理妥善，但可能卻反而與丈夫心靈距離越來越遠。當老公外遇，尤其看到小三的外型，完全不如自己，心底就悲傷吶喊地問：「我對他這麼好，實在太沒良心了。」問題是，這種工作型男人除了需要「好」以外，還需要「懂」。

愛情經營，本來就複雜不易，當美麗家花輸給了平凡野花，你不能只覺得男人壞、眼光差，而是要理解「事業夫妻」的現象。那與美貌無關，而是溝通與傾聽搭起了情愛的橋樑。擔心的人就需早作預防，這兩項是愛情長久的基本功。

02

出軌：男人的蜜糖、女人的毒藥

人雖然有道德性與理性，但也有生物性。從後者的角度來說，無論男女都很難真正專一，這就是出軌不能根絕的原因。

但出軌，對男女會造成什麼不同的心理投射與反應呢？看似同享歡愉的不忠行為，卻對男女的影響大不相同。一般認知的粗略差異是，當男人遇見女人時，只有性慾意識的思考，而女人卻渴想從男人身上得到真愛。偶然的相遇，「出軌」成為男女不能說的刺激與麻醉，然而，調查顯示，「出軌」對男人而言是天堂、是蜜糖，但對女人卻可能是麻痺自己後的毒藥，心裡依然是消極甚至失落的。這就是往往出軌後，卻會發現兩性的反應南轅北轍。

出軌的趨因與時機，兩性也有差異。研究的專家指出，出軌中的男人在選擇對象上會降低標準，因為他們這時心裡、眼裡只有性愛，所以獵豔的範圍就會變大。會施以動人語言、熱情動作，就為了使獵物上鉤。而女人出軌卻常是受惑於虛假的讚美與熱情。這是經過案例的研究與調查之後，所產生的結論。

至於壓力的承受度，兩性也不同，研究專家認為：女性不適合複雜的性愛關係，因為這會使女性感染很多種婦科疾病，甚至可能承受懷孕與養育小孩的重大責任，而男人品嘗完甜美的果實後就會自動離開，常常不負擔任何的責任。

陶德．謝克福是來自佛羅里達大西洋大學的進化心理學學者。他說，站在進化學的角度，女性在複雜的性愛關係上是佔有自然優勢，因為女性可以從這些與他上過床的男性中挑選出優質下一代的基因。但他也表示：「女性因出軌需要付出很大的代價，在身心上並不那麼讓人感動，得到的卻是更加沮喪。」

另一位專家坎貝爾則是對三千三百人進行了調查，其中多數是年齡在十七到四十歲之間的人士。有過出軌經驗的、已婚男女佔了多數。而在整體出軌比例上，男女出軌後的感覺女人消極的程度比男人高，出軌後覺得快樂的有百分之八十是男性，女性只有百分之五十四覺得快樂，大部份的女性對於出軌後都有深深的罪惡感。

出軌的交易，經常是「一時的歡愉」交換「一世的悔憾」。但就算是歡愉，女性的身心負擔與後遺症都相對男性沉重，這也顯示了同樣一件事情，卻因性別而有差別。但無論如何，很多家庭的悲劇就是由此而開始，歡愉的交易，未必是人生划算的買賣。

03 林志玲住在黑森林？

杏子是我的姐妹淘，大學畢業後就嫁給了同齡的老公。當時老公追得緊，經常從外校趕赴杏子就讀的學校站崗。皇天不負苦心人，終於抱得美人歸。

婚後，杏子努力打點老公，儘管環境並不優渥，但她會存錢購買高檔的西裝、領帶等，就是要讓老公光鮮自信。只是沒料到，她努力精心打扮的老公，竟然在外頭結識了其他女人，一連串的外遇事件，讓杏子傷心欲絕。她有次幽幽地說：「真沒想到，我努力讓老公體面，卻反而吸引到其他女人，真是好大的諷刺。」

多年前，我讀到一篇文章。大意是：

有位美女嫁給心愛的人之後，男方總要她穿黑色衣服，男方的理由是：「你穿黑色衣服時，顯得特別迷人優雅，我真喜歡你穿黑衣服的模樣。」女為悅己者容，於是婚後，黑色就成了美女選購衣服時的不二首選色系。儘管，她有時也想換穿其他鮮豔色系的服裝，但老公一旦知情，總是說：「你還是穿黑色的好看，別讓其他顏色糟蹋了你的美麗。」尤其是，兩人一起連袂出席各種場合時，黑色的服裝就是唯一選擇。因此，美女的寢室就擺滿了各種黑色的衣服。好多年後，一次不經意的機會，才從先生的一位男性友人口中得知，原來她的老公根本不覺得她穿黑色好看，之所以「獨尊黑色」，只是老公怕她長相太出色了，若再透過其他顏色的陪襯，就更顯出彩迷人了，一定會招蜂引蝶，惹來男人的覬覦。因此，老公的目的是以黑色來減損她的美貌，好減少擔心。美女聽完詫異不已。

這兩例或許極端，但在傾向上，女方似乎都願意自己的另一半有型體面，會設法讓他出門時有面子，自己也與有榮焉。但男性有時則會認為另一半穿這麼漂亮做什麼？甚至會在服裝上給予很多的批評，比如不能穿得暴露，或是會干涉女人的服裝選購。為什麼呢？一方面可能是出於經濟原因，深怕女方重心一旦放在衣裝上，男方就容易荷包失血；二方面是男方對女方，尤其是婚後的女方，有藏私的心理。藏私未必是負面的意涵，也可能是他特別珍惜與保護女方的行為投射，但若過度的話，就成了「主權宣示」的心態，戒慎恐懼外界的覬覦與侵擾，於是有了黑衣美女的事例。

私心作祟，將對方視為所有權的一部份，絕不是健康的兩性心態。

懂得欣賞對方的好與美，甚至讓對方有發揮展現的機會，只會讓雙方的感情更為融洽。林志玲，有台灣第一名模的稱號，迷人優雅、且EQ極佳，是位令人稱羨矚目的女性典範。我打趣比喻，若林志玲住在黑森林，豈不是可惜了她的美與好呢？太多的兩性相處之所以問題叢生，往往是專屬佔有的心理想綁住伴侶，讓對方出現生活的窒息感，久而久之關係就隱隱生變了。經營關係，彼此是該給對方表現的空間，不僅可增加溝通分享話題，因此憑添生活樂趣，也會讓彼此關係更加穩固了。

04 「疏洪道與水庫」理論

【哲學家的愛情】

據傳，古哲學家蘇格拉底的妻子是一位悍婦。兩人的婚姻生活，可以想見，絕對沒有稱羨的融洽關係。有次，蘇格拉底在街上與人高談闊論時，突然老婆的河東獅吼從遠方呼嘯而至，而且氣憤的在蘇格拉底頭上潑了洗腳水。幽默的大哲學家卻形容說：「雷聲過後，必有雨點。」婚姻對蘇格拉底來說似乎是場折磨，但哲學出身果然豁達，他說：「無論如何，你都要結婚，若娶到的是好妻子，你將過著快樂的生活；倘若娶到的是壞妻子，你會成為哲學家。」自嘲戲謔解讀婚姻，這是很高明且智慧的相處技巧。

蘇格拉底並沒有因為婚姻的問題而痛苦殉情，反而是為了真理殉道。當然，以死明志也不盡然正確，但那或許是該時代的不得已。我們要學習這位哲學家的是，在兩性相處上要有幽默的自我解嘲能力，沮喪、失志，尤其殉情，都不該是智者的行為。

「為什麼東尼走不出分手的遭遇，一直頹廢不振？」我疑惑地問著東尼的分手女友海倫。「我也無法想像，這完全不像他以前的灑脫性格。」海倫深嘆了口氣回答。情傷是生命的挫折，似乎我們會認為男生的復原期較女性來得快速且短暫；但卻發現情況往往並不盡然。

就曾有心理專家研究後發現，男女在遇到相同狀況時，男人能堅強面對的能力比女人還差，亦即是男人的內心比女人脆弱，這推翻了我們傳統對男人的看法。痛苦的內心，讓男人可以意志消沉好幾年，為何會如此呢？專家分析了幾個原因。

(1)掩飾的冷靜：男人總是會以外表的冷靜堅強來掩飾內心的悲傷，即使真的很痛苦也不願輕易流露，嚴重者只會頹喪消沉度日，甚至酗酒買醉。有研究數字顯示，有百分之二十六的男性會這樣處理自己的心情，而也有百分之三十六的男性會向其他人宣示自己重獲自由之身，可再次選擇其他女性，只是看似灑脫的宣示，可能也只是假象。掩飾讓內心的傷痛沒有出口，無法走出陰霾，壓抑只會讓心情更難釋懷。但專家經對比研究發現，相對地，女性的處理方式則會好一點，比如會打電話向好友哭訴，會找朋友宣洩情緒，她們更願意尋求多方的安慰，使女性的復原期大為縮短。

簡單說，女人在遇到感情挫敗後，除了勇於面對現實之外，她們更擁有超強大的親友團，因而能有傾訴或傾吐的對象。而看似堅強的男性，只有周遭的幾個夥伴能夠協助。相較來說，女性有多重疏洪道可以洩洪，而好強的男性則只是築起水庫，將苦水越積越高。

（2）傷痛輪迴：專家曾分析，男性在失戀後，外表會顯得異常的平靜與快樂，但其實他們會有很長一段感覺失調的空窗期，即若這段時間又有了新對象，但感覺很可能卻不是那麼真切與充實。另有研究調查顯示，女性較容易適應一段情感的結束，因為她們早已意識到並接受分手的可能性，而男性則是認為可以力挽狂瀾，拒絕接受即將分手的可能。而且男性雖然喜歡新鮮，但是一旦失去伴侶之後，卻會出現那種「人難再得始為佳」的「曾經滄海難為水」之遺憾心理，使得傷痛在心中輪迴，心情便難以重建。

切記不要批評情傷無助的男人「不像男子漢」，無論男人女人在情感上都是脆弱的，只是好面子的男性不用語言和盤托出，但他的消沉已告知了你。要盡量避免發生遺憾，而最好方法就是珍惜所有。不要高估自己與對方的挫折忍受度，情緒是易碎的，無論男女，誰都經不起磨難與考驗。

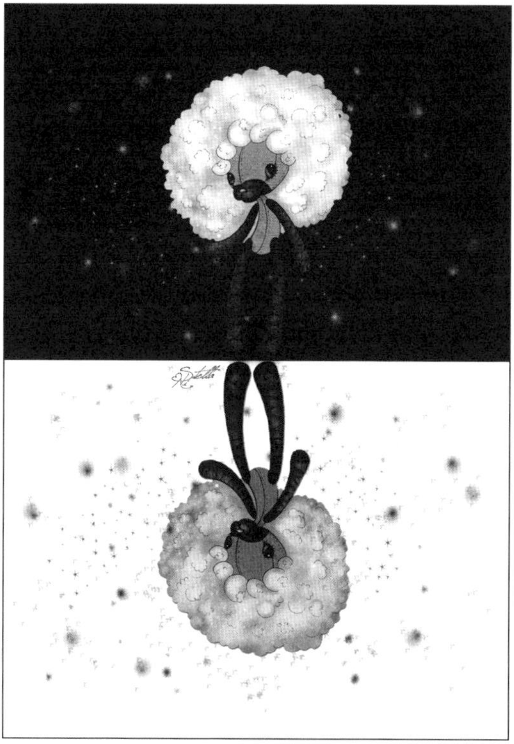

男人是女人的鏡子，透過她所愛的男人，
可以推斷她大抵屬於哪一類女人。

05 天造地設好絕配

【案例情節】「砰！」浴室玻璃碎了一地，「啊！」芙怡尖叫一聲，老公立刻衝進浴室。「老婆，有沒事呀？怎麼了？」老公急忙地察看情況，還沒等老婆開口，立刻知道玻璃碎老婆叫的原因了，家裡小，原本一台廢棄的小冰箱就暫放在浴室裡。喜愛清爽環境的芙怡叮嚀了老公好幾次，要他趕緊處理，以免佔位置。但好長時間仍原封不動，芙怡受不了就自己跑去搬動。沒挪好位置，一下就把浴室的落地玻璃撞破了。

「這不是女人做的事，你放著就好，幹嘛急著處理呀！」老公心疼老婆說話語氣急躁了些。芙怡卻發火了，「什麼不是女人做的事情？家裡的事情有分男女嗎？」「你這麼大聲幹嘛，女人氣力小，你又搬不動。」老公語氣也拉高了。芙怡更火了，「哪件家裡的事情不是我做的，換燈泡、修馬桶，粉刷牆壁，你這個文弱書生只會出一張嘴。」芙怡以前是田徑校隊，活潑好動，結婚後，一般是由男性包辦的出力氣家務事，芙怡幾乎搶著做，讓長得高頭大馬的先生反而無用武之地。

絕配男女

這案例很有趣，乍看芙怡，她顛覆了兩性的刻板互動模式與角色扮演，平日也相安無事，但是，一個處理不慎，兩人還是拌起嘴來。許多的兩性爭執，有很大比例是來自對性別角色扮演與責任發生衝突。就像假如你正忙得不可開交，需要伴侶出手協助時，但他卻無視於你的窘境而袖手旁觀，往往就引得你怒言相責了。

所以若問，世間男女，究竟是佳偶多、還是怨偶多？某個程度倒可以問，男女的性格到底是互補的居多、還是互斥的居多？因為性格決定命運，性格也就決定兩性相處。這問題很有趣，也很重要。當我們從根本去思考時，會希望有一個答案告知我們，男女雙方的本性上到底速配指數，還算高嗎？男女是否天性上就有巧妙的互補性呢？幸好，答案是肯定的。

以一間公司為例，若只有會決策的能力，那公司的經營就不能完善，因為還必須進行計畫組織與人事協調；但一間公司若只會組織協調，那這間公司所擬定的計畫永遠也無法出台，而且連未來的方向也不知道在哪裡。兩者具足，才是企業之福。將之比擬兩性，其理相通。英國科學家研究指出，女性因心思縝密，是個擅於組織和居中協調的高手；男性則眼光獨到，是擅於判斷的決策高手，若男女員工能一起共事，則能事半功倍，而兩性關係配合良好的企業，就能運作和諧順利。

各有所擅

兩性的天生互補不是理論，而是經過證實，英國赫特福德郡大學進行過一項實驗。研究人員讓男女受測者同時做很多事情，每件事情中還會衍生出其他待處理的問題。研究人員告訴受測者必須確實把事情做完，連同衍生出的問題也必須解決。研究人員會在這段時間，突發性的給受測者一些干擾，比如突然要受測者做其他問卷，或請受測者幫忙處理一些雜務，或是故意打電話聊天等，目的就是不讓受測者順利專心做事。當測試結束後，研究學者發現，女性在正常工作時，面對突如其來的問題，都能有很好的應變措施，解決研究人員的問題後，還能很迅速的回到原來的工作崗位上，並能很快反映工作的進度，但男人卻無法做到一樣的成效。

不過，另一方面，調查也發現女性在判斷與抉擇時，會出現猶豫不決難以抉擇的情況，反觀男性卻較易切中重點，做出最好的判斷。從工作的實驗證明了兩性具有天生的互補性。

儘管男女間的問題林林總總，經常讓彼此難過傷心，但或許不是冤家不聚頭，差異處絕不是相斥的藉口。我特別分享這篇研究，是要平衡許多男女對兩性平權的認知偏頗，平權是絕對必要的，至於如何分工也沒有鐵律，案例中的芙怡本來就可以動手做任何她認為能力可及的事情，但尊重並理解兩性的彼此差異絕對是關係和諧的重要基礎。

有些時候，出於刻意打破男女界線的公平想法，或是誤解了男女先天差異與分工的必要性，都是兩性相處很難融洽的根因。但就如實驗結果告訴我們的，男女各有所長，在心理上要認知自己的長處與短處，如果男女若能認知彼此的優缺點，並且能一起攜手，無論是共事，或是共組家庭，都容易產生良好的互補協調性。固然現在社會已打破性別界線，但若是一味強調「越俎代庖」，或是過於強調超越性別的強勢作風與意識，都不會是兩性幸福融洽的相處之道。

06 中年之戀：Easy come, easy go.

【真實故事】一位女性友人，四十五歲，金融業服務，單身。在親戚介紹下，認識了一位五十歲左右，學歷極佳，在事業有成後，已經有充足財力可以退休的優秀男性。兩人認識後，即彼此感覺頗佳，男方因為也老大不小，女方也渴望著婚姻，於是很快就論及婚嫁、共同勾勒美夢。

男方原在上海工作，女性友人是在赴上海時彼此認識交往。等到男方帶女方回台灣拜會父母時，女方這時發現，男方是個「媽寶」型男人，也就是諸多想法觀念都由母親主導，自己缺乏主見。

女性友人發現，男友的弟媳，正是因為如此，而與婆婆關係不睦，所以來往很少。而她與男友原本有意旅行的計畫，甚至是日後的一些規劃，都受到男方母親與家人很多的限制與控管。我的這位女性友人個性獨立，無法接受未來婆婆的制約方式，於是開始心生疑慮，與男友也有了一些觀念的歧異，雖然心裡很喜歡這男生，但因對未來生活的恐懼而開始有些疏離了。而男方無法在兩個女人間找到平衡，也不太會處理情況，而當時又在上海有工作處理，形成女方在台灣，分隔兩地的情況。有一回，男方要回台灣，兩人在線上聯繫了，女方也以為男方回來後，可以好好溝通。沒想到，男方回台後，直到最後一天假期要回上海前才與她聯繫。她大為光火，認為男方不重視她，兩人雖未爭吵，但此後漸行漸遠，甚至當我知道這案例時，兩人已無聯繫。女方對我說，她真的好遺憾，很想結婚，但沒想到情勢會急轉直下，也莫名地分手了。

中年心理

男方不愛我的朋友嗎？從更細節的過程理解，我覺得不是。那為什麼不積極爭取呢？我傾向認為，可能是男方不懂得處理的技巧與方式。另外一種心理就是，很怕努力過程中的複雜與心力付出。外人或許會說：「爭取愛情很正常呀，也代表愛對方呀！」是的，但中年的愛情與年輕人的愛情有所不同，他們因為條件成熟，歷練多，也深知自己想要什麼，所以只要談得來，就可立刻成雙配對，但同樣地，一旦發現問題或矛盾，他們可能放棄的也快。但，放棄不代表不愛對方了，而是過去沒有對方的日子，他們早也習慣了，單身這麼久，若多個伴還需特別勞心費力，那就索性地想：

「算了吧，放棄好了！」這就是中年愛情常有的「來得急，去得快」心理，我稱為「Easy come, easy go.」。

「葉子的離開，是風的追求？還是樹的不挽留？」歸咎外界，不如深刻自省。女性友人說，她很後悔，沒有把握住對方。其實，正如我跟她說的，他們只要住在上海就好，婆婆的問題，就當成有趣的鬥智，犯不著為了可能幾天的回台相處，壞了她的終身大事。只要愛情對了，其他客觀條件就算錯了，也要盡力克服，莫輕言放棄。因為正印證了那句中文「其興也勃焉，其亡也忽焉」，要抓緊中年的愛情，因為它稍縱即逝！

07 心門・當戶對

在封建社會，強調的是「天上無雲不下雨，地上無媒不成親」，姻緣的媒合是靠相親撮合。但現代年輕男女大都認為，相親是一種老掉牙的婚姻方式，並認為只有那些乏人問津的大齡剩男剩女，才要透過相親覓得良緣。他們篤信，唯有自由戀愛才能通往幸福真愛，有戀愛基礎的婚姻是美滿幸福的保證書，但真是如此嗎？美國哈佛大學研究答案則是未必。研究發現，藉由相親而結婚的男女比戀愛結婚的男女婚姻還更能持久，和諧度也相對的提高。

現代人自由戀愛的比率極高，但離婚率卻也大幅攀升。為什麼經過自己選擇檢視的對象，卻不見得愛情彌堅呢？

專家認為，離婚率的上揚，主要是男女對價值觀的偏頗，男女平等的想法被曲解，以及以速成的經濟效益來培養感情，這樣的結果只會讓婚姻走向泡沫化。尤其，自由意志太過強烈，欠缺更多的包容與體諒，致使夫妻吵架的問題家庭增多，造成婚姻問題更為複雜化。自由戀愛本身是自主意識的美好把握，它不再受傳統觀念的束縛，找到真愛原本是一樁美事，但也往往因自由，而失之於婚前考量不夠周延，感性高過理性的投入，造成離婚率的偏高。

相較來說，相親或許有很多缺點，但卻也因為經過了中介者的篩選以及分析，而有了更妥適的「門當戶對」的適配性。專家認為，相親或許無法給適婚男女一場浪漫的戀情，卻可能讓夫妻有著美滿幸福的家庭。相親的男女會考量彼此的經濟因素與家庭背景，再加上彼此對組建家庭規劃與未來目標的想法是否一致，經過深入的考量才能使日後的培養感情漸漸深濃，而不像自由戀愛的男女一樣，心裡或許只有戀愛而欠缺現實層面的考量，反而造成未來的問題。

英國心理學家就曾以歐美國家進行研究發現：自由戀愛而結婚未必比相親結婚更能長久。自由戀愛的婚配者，其感情在一年半後就可能轉淡；而相親結婚者反而在相處五年後，卻似情人般地熱戀。

戀愛，當然是走向婚姻的中間過程，考驗彼此是否能長久在一起的一段「共伴檢驗」之旅。可藉此檢視自己是否對婚姻做好了準備，若答案肯定，那未來擁有幸福婚姻的可能性就會提高，原因就是做好了心理準備與分析。否則，貿然結婚就不是戀愛的美好結果，反而是愛情的提早結束。相親的意義類似於此，它主要是為結婚準備

的一種分析配對，形同有人先替你先做了某種程度的檢驗，因此不需排斥相親。

從認知心理學的分析，許多人印象的「門當戶對」是指出身背景、家庭環境的條件相當，認為是「物質性」的匹配，其實不然。現代男女心理都應認知的門當戶對，是尋找雙方價值觀、興趣、性情的「心靈趨同性」。自由戀愛也要以此為前提，婚姻的成功率才會提升。而透過媒人的檢視過濾之後，將之媒合牽線，也不失為好的管道，旁觀者的分析確實有時候比當事人的看法，更為客觀有據。這是相親結婚的雙方，事後回想能夠婚姻長久的重要原因。

08

為什麼想試婚？

擔心對婚姻的不適應症，兩性的「恐婚心理」會出現一種過渡灰色地帶的想法，那就是以試婚或同居，來先期實驗或減緩結婚的約束與壓力。試婚或婚前同居，是對婚姻恐懼所產生的副作用，這種「似有若無」的作法，好像保證了兩人的相處品質，與自我空間的獨立。要言之，不願失去自我、融入共同世界的戒心太高，便產生了這樣的副作用，這也是現代許多國家的婚姻趨勢。

然而，若抱持著「先同居，適應了共同生活之後，以後也不致於因結婚後若發現不和，就得立刻離婚的難堪」之心理，反而可能是錯誤的認知。美國一項研究報告顯示，由於婚前同居的影響，造成的離婚率不減反而增高，原因在於婚前同居與結婚後相比，感覺並沒有什麼差別，唯一的差別就是不能像婚前同居那樣自由。所以，經由研究對比，反而不如離婚後再同居的情況，來得關係穩定。這種對婚姻滿足感的缺陷，是婚前同居所導致的，而婚後才同居的男女離婚率反而有一定程度的降低。

研究發現，對於有婚前同居或試婚想法的男女而言，他們缺乏對自我的信心，更害怕婚姻帶來的是痛苦而不是甜蜜，對人性的不信任感到相當的無助與恐慌，認為自身一個人的生活才是最安全自在的，若真的要選擇婚姻，那至少先同居之後再做決定。但研究的提出，反映了這樣的「先期程序」並不會對日後的婚姻的穩定帶來太多幫助，因為個人若沒有真正融入兩人關係，建構良性的相處模式，試婚或同居只是徒具形式而已。

試婚或是同居，可稱為「兩階段的婚姻觀」，從正面看好像是更慎重的一種心理投射，抱持著先試試的心態，一旦不合就分開，反而避免婚後才離異的遺憾。但事情往往一體兩面，同居試婚，雖有說好的自由，但是未必能跨進幸福婚姻的窄門。因為，同居或試婚，某種程度反而是輕率的心理，以為替婚姻設有某種檢驗期，但一旦設下了好像可隨時進出的一道「任意門」，反而缺乏對一起生活相處的慎重了。相對地，不以試婚或同居為前提，反而是對婚姻抱持絕對慎重的態度，不輕易嘗試，而一旦走入婚姻，就會努力呵護，反而擁有堅實的婚姻關係，這是會有如此研究結論的原因。

試婚、同居與婚姻，都是兩性結合的外在形式，任何的形式若缺乏內心與情感的真正投入，設計再精巧的形式就真的只能徒具形式了。愛情的為難正在於「操之在己」與「操之在人」的部份得兼容並備，缺一，都會讓愛情釀成災難。

09

「時差」症候群

【真實故事】有位華人知名作家曾經娶了一位美麗妻子，但沒多久，即因個性與觀念差異而離婚。很多年後，兩人在路上巧遇，女方看著前夫說：「你老了。」沒想到前夫不示弱地回答：「你也是。」

這位曾經被視為美麗代表人物的前妻，或許沒想到會聽到同樣的回答。也許，比前夫年輕不少歲數的她，看到的只是對方的年老力衰，但對方的回應也讓她驚覺，自己何嘗又不是青春年華已逝呢？

認知差異

澳洲的一位女性主義哲學家葛羅茲（Elizabeth Grosz）曾經在一九九四年出版知名著作《易變的身體：指向肉體的女性主義》（Volatile Bodies: Toward a Corporeal

Feminism）。

葛羅茲指出，我們對身體形象的認知，未必會與自己身體實際生理改變同步。亦即，我們對自己身體實際形象的觀感是有「時差」的。不知道自己已經老了，還停留在過去對自己的形貌認知，往往等到驚見過去的朋友怎麼變老了，才發現自己竟然年輕不到哪裡去了。

許多男人外遇的心理正是「不知老之將至，以為自己還年輕」。尤其是看著枕邊人，日復一日的容貌老去，與結婚時的青春貌美，簡直不可同日而語。但卻很有自信，仍認為自己年華正盛，於是，拈花惹草，愛情出軌，甚至追求遠較自己年輕的女孩，好證明自己魅力不減。然而，在年輕女孩心裡，姑不論接受與否，這位男人仍是大叔級的追求者而已。

男人的出軌心理，常是認為妻子老了，卻忘了自己其實也不年輕。不要等到年輕外遇的女子提醒，才驚覺自己也躲不過歲月的侵蝕。唐朝劉希夷的《白頭吟》曾說：「年年歲歲花相似，歲歲年年人不同。」青春永駐是人類的不老夢想，但容顏不會停駐。外表凍齡不老的「美魔女」只是神話，永遠年輕的帥魔男也是。別讓內心的時差，錯解了自己的形貌與虛幻的魅力。人的青春不能永駐，那愛情呢？有自知之明，且懂得珍惜所有，愛情就能比容顏更保鮮。

女人的嫉妒之陪襯物常常是眼淚，
男人的嫉妒之陪襯物則可能是鮮血。

10 女人，別將能幹當原罪

【真實故事】芝芝是我的好友，外表迷人，學歷優秀，尤其是辦事能力極佳，深受主管的重用。私下的她一樣表現稱職，結婚後，家裡的大小事情盡心盡力，且打理得宜，親友一致肯定。但芝芝的心裡卻很矛盾。

他的先生雖然儀表堂堂，但資質一般，工作的表現也只能算是差強人意。重點是，經濟能力遠不及芝芝，而兩人共組家庭本就不需分彼此，芝芝原本也不以為意，但先生卻漸漸習以為常，許多事情都由芝芝出面並打理。他總冷冷地說：「反正你行嘛！」

家裡的廁所壞了，先生不理。非得等到週末芝芝打電話叫水電工處理；先生失業了，芝芝怕他心情不佳，說話特別謹慎。但卻聽到他和一位之前女同事聊的開心，有一回已經很少出門的他，竟然接到了電話就要外出，芝芝問：「這麼晚了，要去哪兒？」先生急著說：「玲玲一個女孩家在外面租屋，她剛說家裡的燈壞了，請我去幫忙一下。她那裡的路燈少，沒有燈很危險。」玲玲就是那位女同事。

事後，芝芝既生氣又難過地對我說：「大家都說我能幹，但我不想這麼能幹。我好累。我寧願當個傻女孩，什麼都不會，這樣我先生就會好好對我了。」

事實上，不少能力好、受到肯定的女人，都有一個常犯的心裡弱點，就是當另一位平庸女性出現，卻反而得到愛人更多的呵護時，就會將癥結歸咎於自己的能幹。那種傳統式的「將面子留給男人，不能比男人優秀」的觀念會隱隱浮現，然後寧可自己「既癡且愚」，只要男人對她好。即使是時代新女性，面對愛情的難題時，也往往這麼解讀：都怪自己太能幹了，讓男人沒面子，所以千萬不要「強出頭」！

從心靈諮商來說，我會對這樣的女性說，你好好和男方坦誠溝通，若是沒有效果，就請放手。若一個男人以女性能幹為由，反而懦弱退縮，並在其他更弱不經事的女孩面前去表現自己的男人自尊，那麼這種不成熟的男人不要也罷。

男女共組家庭，或是和諧共處，任何一方有能力，都該獲得另一方的高度肯定。「見不得對方好」，絕對是愛情的破壞因子，固然要尊重男方，但不能讓傳統的「以夫為天」為自己設下「警戒線」，不敢跨越。這樣不會拯救愛情與家庭，反而會讓對

方繼續頹廢，也埋沒了自己的才華與自尊。

謊言是有慣性的，剎住時，甩出的是真實，
男人寧願一面擁著女人的嬌體，吻著她的香唇，
同時聽她娓娓動聽的關於愛的謊言，
也不願女人莊重地聲明她內心的真話
——我根本不愛你。

11 傷痕實驗

許久不見的小青，在路上喊了我。我一下之間沒認出她來，因為眼前的女孩和我認識的小青差別不小。「你是小青？」我驚訝地問。「是呀！季老師，我去做了些整形手術，所以你認不出來。你看我有變漂亮嗎？」

小青曾經是報名參加我工作室的學員，當初她與先生感情有問題，心情十分沮喪。我記得，她當時就說要整型，挽回老公的心。

有一個被經常引述的研究，稱為「傷痕實驗」。這是由美國科研人員進行的一項心理學研究。實驗的目的是觀察外型對心理的影響程度。

研究人員先徵集了志願的參加者，然後告知他們，將把他們化妝成臉部受傷的模樣，然後讓他們在面對外人時，觀察面對者的反應。

研究團隊請了好萊塢的專業化妝師在志願者的臉上畫出嚴重且怵目驚心的傷痕，妝畢之後，每位志願參加者都在個別的房間從小鏡子中看到自己化妝後的樣子，然後

鏡子就被取走。接著，化妝師對志願者說，因擔心「傷痕妝」會化掉，所以得補上一層粉末，藉以鞏固效果。但其實，化妝師並不是固定傷痕妝，反而是偷偷將之完全抹掉，也就是，每個志願者的面容其實與平日完全一樣，但他們卻以為自己臉上有「傷痕」。

然後並不知情的志願者，被送往各醫院的候診室，觀察外人對其面部傷痕的反應。實驗時間結束，當每位返回的志願者被問到外人對他的態度反應時，竟然都不約而同敘述了同樣的感受，他們表示，人們對他們的態度比以往無理、不友善，而且重要的是，總是盯著他們的臉看！

心理是鏡子

誤以為臉上仍有傷痕的志願參賽者，會無一例外地做出同樣負面的表述，顯然是自我的外型認知，影響了內心的正確判斷。實驗結論很簡單，每個人的心理像是面鏡子，會將自我對外型的印象投射在外在的認知上，自己覺得美，認知就好；自己覺得有缺憾，就會老以外型作為與外界接觸溝通發生問題時的主要藉口了。

境由心造，當與另一半的感情出現問題，想藉由整型改變感情，或許也是一種傷痕心理學。其實根據研究，整型對挽回夫妻感情的幫助效益非常有限。

變美了，通常不會改變對方，或許只能說，改變了自己的心情，自己心情因變美而變好，或許由此而來的信心才是唯一的好處。但切記，不要奢望對方的改變，那是不切實際的心理想法。

12 愛情採購學

「男追女隔座山，女追男隔層紗」，為什麼男女之間追求異性的難易度，似乎明顯有別呢？從心理學角度來說，這是個值得探討的有趣現象。我的心理學同業說，這或許跟「採買」的心態有關。

逛街購物時，男性常會感覺為什麼女性在買東西時，總愛慢慢的看、慢慢的選，連買一件再簡單不過的東西，也要挑個老半天。相對地，女性也認為男性買東西時，總不看品相的好壞，拿了東西就往櫃檯方向走去，經常也不看製造日期與保存期限，等到買回後發現有瑕疵，只會自認倒楣。對女方來說，若連簡單的購物，也要精打細算、仔細估量，擇偶的大事當然就更嚴謹了，備受考驗的男生當然覺得追求不易。相對地，男性重視表相，就如選漂亮商品一樣，所以女生較容易打動男生。

追求的心理，可以觀察自購物的心理，這倒是有趣的連結。男女的差異，美國密西根大學科學家認為，這可能跟人類的進化過程有關。

遠古時代，男人主司外出狩獵；女人持家並準備飯菜等老公回家，人們採取的是所謂的分工生活模式。男性在出獵前，只要先做好打獵前的準備工作即可，其中的重點即先決定獵物大小、獵物出沒的地點、備妥捕獵工具等，也就是男人先有目標再接著行動；女性除在家照顧小孩，還必須想著今天要煮什麼料理，還要下菜園去，觀看或聞氣味來分辨哪些蔬果已成熟，哪些還不能吃，這些都不是能在事前就準備的工作，這就造就了現代為什麼男女購物的方式不同——男人出門前常是早已知道要買什麼，而女性則習慣視情況而定。

女人經過了一段很長的時間後，從辨別食物中學習到一種分辨的技能，不僅能從色澤上分辨出蔬果是否可食，從氣味中能分辨出食物對身體的健康性，更能從土質上分辨出此土壤的肥沃度。女性的選擇力，經過進化後，細膩且多面。

現代女人比男人還會選購商品這是不爭的事實，在這忙碌的工作年代，女性總有辦法挪出一點時間，用最迅速的方式來了解商品資訊，並會用貨比三家不吃虧的心態，慢慢選購商品；而男人選購物品就像遠古時代男人那樣盡早設定目標，打完獵後，完成了既定目標，就會急忙趕回家與家人分享，只不過現代男人把獵物換成商品，也同樣急忙的去櫃檯結帳，不會特別注意商品的好壞。

這些資訊有重要的意義，當我們了解可能的淵源後，它能幫我們了解男女為何

在購物上的觀點差異，進而理解選擇對象時候的潛在心態。從男性角度，要更全面建立自己的優點，好吸引女性的青睞；對女性來說，若遇心儀男性，也不妨適度放寬標準，給予對方多一些的機會，避免錯過好的姻緣。

13 女人容易感動的證據

煩勞於家務事的女性朋友們，若是男性動手做了些家事，你會慶幸找到一個好男人，負擔大幅減輕了嗎？尤其是，當男人為了一反老太爺的形象，特別在眾人面前幫著老婆做家事，還幫女人按摩疲累的肩膀與雙腿，製造男人體貼的新形象？但試問女性，你真的減輕了家事負擔嗎？還是說「新好男人」的口號只是一種假象，對於實際的家務負擔，依然幫助有限呢？聽聽專家的研究說法吧！

美國密西根大學研究顯示，丈夫每天平均只做「一小時」的家事，而這一小時是從下班回來的飯後開始，比如幫忙收拾並清洗飯後的餐具，又可能幫忙稍微擦拭廚房地板，接著就拎著垃圾外出傾倒等。或許就寢前，會突然想起了晾曬洗衣機裡早已洗好的衣物而已。而現代都用家電來幫忙家事，也就是說，大體上並非是因男性幫忙而明顯減少女性的家務時間。況且，多數工作仍必須白天做好，若男性白天上班，當然家裡的工作都由女性來負擔，而且這其中許多的家事還是得用雙手去做。

也有研究說，如果是雙薪家庭，夫妻做家事的時間是一樣的少，但女性依然不

值得慶幸。或許「做家事的時間」減少了，但妻子的「家事量」真的也減少了嗎？夫妻兩個人同時下班回家，若沒孩子，兩個人的晚餐在外頭解決就行了，若有孩子，夫妻通常就必須回家做飯與孩子同吃，這做飯的工作還是得由女性負責。吃飽飯後男性就算幫著做廚房的事，女性也沒閒著，可能得趕緊把衣物丟進洗衣機，還要檢查冰箱食物的存糧是否足夠，就算是職業婦女，但家事的負擔似乎仍減輕有限。

這份研究對兩性行為心理的理解，是有幫助的。行為，是心理的投射指標。就上述的研究來說，男方分擔的家務其實相對有限，與「好男人」的形象其實名實並不太相符。但女人仍願意給予親密愛人「好男人」的評價，可見女性的心理有多容易感動。原因就是，太多現實裡的夫妻或兩性相處，男方總是扮演「眼神指揮者」，彷彿只要眼神一盯，女方就得像個僕人一樣立即接手來做。但這種眼神派的男人，只會和另一半的爭執越來越多。因此，對女性來說，男性願意參與家事，無論多寡都是愛意、體貼的表現。

英文有一句洞悉關係維繫的說法，洞悉了人性相處的真切面，「主導著彼此關係的，是「愛最少」的那一方。」因為熱情積極的一方，或討好，或維繫，於是老得看著對方的臉色，且由於對方疏於表現愛意，所以導致總是忙碌與熱情的這一方，必須積極的去行動，以扮演填補關係空缺的那個角色。這句英文意涵其實就是常說的：「『被愛』比『愛人』幸福」。若在此案例中改成「做」最少的那一方，主導著兩性關係，似也相通。

這份研究不是讓女性找到埋怨男性的理由，而是提醒現代的配偶，不妨不時地兩人一起把家打理好，不只家裡整潔，也減少因忙碌而生疏的感覺，反而讓彼此的感情更好，在女方心中好男人的形象就更穩固了。

14 誰怕離婚？

「女人離婚最可憐，沒有工作能力，可能還要撫養孩子，又年華已逝。還是忍耐點吧！唉！男人離婚就不同了，反而覺得快活呢！」潔齡苦口婆心地勸誡面臨離婚的艾姍。

美國做過一項研究，男人離婚後，大約三年即會想再婚；離婚的女人要再走進禮堂，則大概要七年的時間。

日本興起了一股熟年離婚現象，一些婦女在孩子長大成人之後，突然提出離婚，老公一頭霧水，因為事前全無徵兆。女方的理由多是，不需要再為了維持完整的家庭放棄自我。想把握人生的最後青春，活出自己，不再受丈夫的主導或限制。日本社會長期男尊女卑，但女人意識的覺醒，從而有了獨立生活的念頭，即使已近暮年。

我的一位長輩，軍中高級將領退伍。屆齡退休後，沒有太多娛樂，整天在家消磨時間；但老婆發現，過去常年待在軍中的老公，退休後開始嘮叨，且對家事指東道西，老婆覺得怎麼過去沒這現象，退休後才開始囉嗦了起來。且對她的行蹤垂詢甚詳，連出門買個菜都會問個半天，「老婆，要買菜了呀」、「今天要買什麼」、「我跟你去好不好？」長輩不是懷疑老婆，而是過去發號施令慣了，好像沒找個人管，就不自在，所以潛意識將老婆當做了小兵。最嚴重的是，生活重心全放在老婆身上，倚賴越來越深。

老年男女大不同

有一句話說：「老人孩子性」，指的是，年紀漸長的人，個性反而會越來越像小孩，依賴心強、需要人特別呵護，這種現象，男性要比女性強烈。「婚姻是女性的全部，卻是男性的部份」，指的是，女性一走入了婚姻，婚姻的生活就是她的所有重心；但對男性來說，通常因為工作緣故，所以他的重心仍有很大比例是放在外面世界。但是對家庭的倚賴反會隨著年紀而變深，或許是因為外面世界的不盡如意，對比出家庭的安穩與舒適。然而，一旦離婚，對女性來說，反而有如釋重負的感受，因為佔據過去生活全部的婚姻，也讓自己耗盡心力的家庭，一旦瓦解，反而不會輕易選擇再度走入。反之男性則會留戀有伴侶服侍的生活，若有機會再婚，就傾向再組家庭。很多人以為這樣的男性薄情寡義，才會迅速另結新歡，其實有極大原因是，兩人世界帶給男性的優勢，反而容易讓他們有家的渴望。

日本老公面臨妻子的離婚提議，經常莫名奇妙，認為既已結褵多年，情比金堅，怎會提出離婚之議？但是，平日男尊女卑，或是長期忽略關係的經營，讓缺乏自我角色、隱忍多年的老妻竟然決心求離，這是一門婚姻關係的經營啟示，也是男性必須趁早補課的學習，儘管這樣的女性希望的是活出自我，但若感情基礎穩固，互動良好，且在兩人世界仍保有自己的空間與性格，既已走進婚姻，誰願意老來無伴呢？這是一篇給男性朋友的提醒參考。

15 夫妻對面不相識

曾任北大校長的學者胡適曾說：「愛情的代價是痛苦，愛情的方法是忍受痛苦。」

在他所屬的保守年代，許多自認陷在婚姻枷鎖中的人，在道德與觀念的桎梏下，儘管感情不睦，仍會堅守婚姻的永恆承諾；但時移勢易，同樣的情形，今日的人會選擇離婚放手，重獲人生的自由。

或許如美國知名專欄作家安・蘭德斯（Ann Landers，一九一八～二〇〇二）的一句趣語：「窮人想富、富者想樂、單身想婚、已婚想死。（The poor wish to be rich, the rich wish to be happy, the single wish to be married, and the married wish to be dead.）」解開枷鎖，宛若新生，或許是不少婚姻不如意者的心聲，但是世界上還是充斥許多白頭偕老、令人稱羨的情深案例。

有研究顯示，當夫妻相處既久，就會有出現形貌、甚至是動作習慣的相似性，熟悉度就像自己照鏡子看自己一樣，再加上朝夕相處，理應知道對方所有的習慣與喜好。但真的是那樣嗎？科學家的研究會讓人出乎預料。

最熟悉的陌生人

相處日久的夫妻具有相似性確實存在，但可別以為夫妻間就對另一半瞭若指掌。尤其當年紀老了以後。德國心理學家做過一項簡單的測試，他們讓一群三十六歲以下的年輕夫妻和一群六十歲以上的老夫妻進行實驗。實驗的內容是讓夫妻彼此分開來做問卷，問卷裡所填寫的是伴侶與自己的生活喜好與厭惡，例如，「伴侶與自己平常喜歡吃什麼菜？伴侶與自己的習慣有哪些差異？伴侶與自己會討厭哪種人或哪些動物？這些年來伴侶與自己在心理與生活上有哪些不同的轉變？或者是可還記得兩人的結婚紀念日？」等等類似生活上的問題。最後進行夫妻問卷相互比對，結果發現，年輕夫妻對彼此生活的熟悉度遠遠勝過老年夫妻。

這一實驗結果真是讓人頗感詫異，理論上，相處越久應該彼此理解越深，但結果卻出人意料之外。

在「夫妻圈」裡常會聽到一句話：「都已經是老夫老妻了，棺材都踏進去一半了，還在意些什麼呢？」，或許就是因為這個「不在意」，夫妻忽略了伴侶在生活上的一切點點滴滴？伴侶的頭髮是從何時開始白的？也不知道伴侶是從何時開始無法再穿高跟鞋陪你出門逛街？更忘記了你們當初對彼此那份摯愛的感覺？讓原本最熟悉的夫妻變成最熟悉的陌生人。

一位台灣演藝圈的朋友，私下聊天中，她告訴我一件真實發生的事情。她的一位男性中高齡朋友，有一次要到機場接回出國旅行兩個月的太太，但到了機場竟然想不起妻子的長相，不知如何接機，他突然驚覺自己怎會有此現象。而重點是，這男性並沒有罹患任何的失憶症，而純粹是平日與妻子的相處太久，太冷漠，才出現這種匪夷所思的現象。

這則小故事以及這份報告真的值得讓夫妻們省思。夫妻的恩愛應該像釀酒一樣愈久愈香醇，不要愈到後面就變成同住屋簷下的陌生人，那份真摯的愛澡已被忘卻，那樣是非常可悲的。應該要重新拾回那種初識時彼此關懷的感覺，少年夫妻老來伴是相處的真諦，若不識枕邊人，伴侶的功能性就大打折扣了。

16 美女為何配野獸

我的一位美女朋友，最後跌破眼鏡嫁給了一位實在長相抱歉的男人。但我的朋友說：「我老公說，我們外型不配、出身不配，一切都不配，但我們兩個是「絕配」。」老公哪一點吸引她，她也說不上來，但積極地追求，終於打破所有的客觀印象，如願娶得美人歸。

同樣地，走在路上，稍微留意來往的情侶，你是否偶有發現，為什麼美女身旁經常是長相平凡的男生陪伴？好像戲劇或小說中外型登對的俊男美女，反而未必會匹配一起。

美女為何常與「野獸」配對，這和「野獸」的努力積極有關。從報章讀到，美國有份研究指出，外貌平凡並不突出的男性，較容易「自我感覺良好」，因此會高估正妹對他的好感與「性趣」。相對地，女性則恰恰相反，多認為帥哥不會想和自己有親密關係。

這份研究是由美國威廉斯學院的一位教授裴莉露（Carin Perilloux）所進行。他以二百名大學生為研究對象，程序是，先請他們自評外型和渴望短期性關係的分數，再讓每名接受研究對象和五名異性進行「快速約會」。之後，再請受測對象針對約會對象的「外表」及「對自己的性趣」評分。

實驗有趣的發現，外型一般的男性若給女方分數愈高，認定對方想和自己發生親密關係的分數也愈高；相反地，女性則是給男方外型分數愈高，「對自己的性趣」分數反而偏低。男女受測者出現了截然不同的結果。

對此，裴莉露教授的解讀是，長相平凡的男性，或許不像帥哥受歡迎，反而因此行動較積極。女性則怕被說成太開放，反而較不敢對帥哥示好。因此出現了男女受測結果大相逕庭的現象。

你如何解讀這份研究？從男性的角度，研究告訴我們，或許外型不如人，但是努力積極追求，且不畏懼自身外型條件（不管是超脫外型，或是潛意識地「自我感覺良好」），至少勇氣與主動，仍可望為自己贏得美人歸；而對女性來說，研究告訴我們，保持矜持或許贏得別人好感，但過於被動，反而可能失去好的對象機會。沒錯，勇敢表達，仍是追求愛情的千古真理。

17 愛情也有「身在曹營，心在漢？」

【情節】曉菁無意間在先生傑瑞的手機中，看到了他前女友敏兒的簡訊。而且互動的則數還不少，顯然，傑瑞和前女友敏兒還保有某種程度的互動與往來。但當曉菁不高興而質疑傑瑞的時候，傑瑞的回答是：「是呀！我和她還有連絡，但只是近況的問候與心情的分享，並沒有任何不忠誠的出軌。」

曉菁氣憤的是，都已經和她結婚了，傑瑞怎麼還視藕斷絲連、舊情綿綿為理所當然呢？但傑瑞也不理解的是，「我都已經娶曉菁了，這還不代表我的選擇嗎？和前女友分手又不是結怨成仇家，好歹也是熟朋友，交換些心情又有什麼關係呢？」

身心分離現象

這是我心靈諮商過的一個案例，但並非個案，其實算是滿常見的一種情形。兩性對結婚後的認知差異，這也是其中之一。女性以為，結了婚之後就是兩人關係的全部，包括了身心靈的互動；而男性有時卻會有區分，他們會將人留在婚姻，但心情的分享對象卻還包括前任女友。身心分離的現象，常會讓女性很不解，從而會引發醋意、甚至是憤怒與無止境的紛爭。

從心靈諮商來說，這是男女有別的常見事例。無論是什麼原因下分手，男性會將前女友視為是了解他習性的熟人，常會出現一種「買賣不成仁義在」的「剩餘價值」，所以會將心事與前女友傾訴，甚至認為前女友才真正了解他。另有一種心態則是，即使有了現在的老婆，但多幾個紅粉知己又有何妨？而前任女友正好是自己投資過時間與感情的對象，即便不能成為妻子，但退一步，不正好成為紅粉知己嗎？

相對地，女方則是嫁了老公之後，比較會出現身、心、靈全部歸屬的想法，所以會盡量斷了與前任男友的關係。

排除掉劈腿外遇的情況，類似案例中的「精神出軌」的模式，常是夫妻爭執的根由。且抱持這樣心態的男性，很容易習慣將心情與他人分享，久而久之容易形成「妻子不懂我，我也懶得說，反正還有其他人可以傾聽」的心理，只要有「後備人選」的念頭，就會埋下婚姻的裂痕。因為不願溝通是兩性相處的最大危險因子。男人們要

體會妻子的心理，而女性更要警覺這樣的情況，但不是以爭執或是醋勁大發來向對方表達，而是要有智慧地了解兩人間有什麼是不能談的，技巧且細膩地反映給先生並拉近彼此的感情。

有些女人的脾氣永遠與男人對她們的愛成正比。
她們應該為此感到幸福。

18 愛情主權

我有一位媒體女性朋友，曾是知名人物，外型姣好，陽光大方，可惜卻遇人不淑。男方只因為略懂中醫，不知怎麼地竟治好了她的過敏毛病，就產生了好感並委身下嫁。

當年她的前途看好，且是媒體主要的曝光寵兒，就在眾人可惜聲中走入家庭。她本身留美，也幫著老公出國，甚至回國後還協助先生找工作。但先生卻開始在外拈花惹草，甚至懷疑在媒體工作的妻子有不忠的行為，不僅找徵信社蒐證，且訴諸媒體，而且散發黑函，甚至動手毆妻。

先生是因為太愛妻子嗎？不是，否則就不會搞外遇了。但是對老婆的行蹤掌握巨細靡遺，滴水不漏。弔詭的是，自己疏遠老婆，但卻掌控她的生活、社交、一切的活動範圍。

別當灰姑娘

「男人不就是這樣嗎，到手後，就從公主變成灰姑娘了！」

是的，也許很多自私的男人會有物化女性的意識，將之視為私有財產，但是故事的轉折在於——男方的父親。

有一回，我的一個女性友人在路上遇見了宣導器官捐贈的活動，內容是，若遇到不幸往生時，願意將身上可用器官捐贈出來，遺愛人間。她是位虔誠的基督教徒，又熱愛公益，二話不說當場簽署。然後將捐贈同意卡帶回家。吃飯時，她與夫家的人一同分享今日的生活見聞，當提到這件公益好事時，公公竟大斥一聲，要她跪下。她嚇了一跳，怎麼一樁美事會有如此負面反應？公公怒道：「你嫁來我們家，就是我們家的人。怎麼可以任意捐贈器官出去？」從那一刻起，她終於理解了先生的掌控心理其來有自了。那是一種深層的心理認知結構，可能是一種根植在血液裡的基因。將女性視為「征服來的領地」，而有一種佔領是：征服者也許不實際佔領（關係冷淡，並不親密），但精神上絕對是不可分離的一部份。更為難的是，有時連「自治權」都吝於施捨，勤管嚴教，讓「被征服者」幾無呼吸的空間。終於她完全認清了事實，在付出了極大的代價，包括身心的傷害，以及受到長期的跟監錄音，而後的法律對簿公堂等，才訴請離婚成功；但一晃眼十幾年的青春就這樣消耗過去了。

這個案例的發人深省處，不是要說天下自私男人一般黑，這是不公允的。關鍵在於，兩代父子間的觀念其實可能是相通的，也是有跡可循的。常說，結婚不是兩個人的事情，而是兩家人、甚至是兩個家族的事情。古老智慧是說，戀愛時後的美好，很可能轉為結婚後的哀愁，原因就是沒有看清對方的養成過程可能留下的心理問題。這問題，不是單純的男尊女卑的心態作祟，而是變本加厲地以私有財產權的角度看待自己的妻子，自私佔有、予取予求。所以才會有器官捐贈事件的勃然大怒，因為男方認為一切都歸屬於他家，甚至，到死還不放過。兩性的世界裡，沒有一方應該完全歸屬一方，沒有一方可以完全佔有另一方。愛情是兩個有交集、但非重疊的圓，從這個理想標準檢視你的對方，甚至對方的家人，這是幸福確保的必要智慧。

19 男人如何給幸福

一個有責任感的男人，會念茲在茲該如何給與配偶幸福？他們總會希望努力賺錢給予配偶良好的物質條件，提供不需女性分擔家計的優渥生活條件。當男人做到了物質的不虞匱乏之後，經常就滿意於自己的表現而止步不前，甚至會得意而毫不掩飾地說：「我的老婆沒有嫁錯人。」

然而，擁有優渥物質條件的女性，卻仍感空虛，顯然男人的幸福心理，不同於女性的幸福心理。幸福與快樂，雖然有諸多的共通內涵，但是男女的要求重心，畢竟不同。

從兩性心理分析，男女的偏重項目有所差別，有保護意識的男性偏重的是「唯物論」，期許自己能有提供富裕物質的能力；而著重生命感悟的女性，則多屬「唯心論」，希望獲得的是心靈依靠，就像一葉扁舟，儘管灣小口淺，但只要能避風遮雨，就願停泊靠岸。

男女幸福不同調

根據國際性的研究調查發現，男人在金錢上容易獲得滿足與快樂，他們認為金錢雖不是萬能，但也萬萬不能沒有，當男人失意時可用金錢買到宿醉或歡愉的快樂。但是女人卻大有不同，她們傾向從家庭、丈夫、小孩或親朋好友的生活氛圍得到快樂，尤其當挫折感傷時，可因而從這些人身上尋求安慰與依靠，兩性的幸福內涵有所差異。簡單說，兩性都同意「金錢有萬能與不能」，只是內容與傾向有所不同。

從五十一個國家將近三萬人的訪查中發現，當債務、股市、金融危機的市場上，人們越來越認同金錢無法買到真正的快樂，並把目標轉移到心靈安定與宗教寄託，讓許多人在經濟危機的壓力下，得到身心靈的平靜。

有趣的對比是，此次的五十一國調查中，只有三個國家的女性幸福感落後於男性，其他國家的女性幸福美滿程度高於男性許多，分析的主要理由是因女性幸福感並不是來自於經濟或金錢，即若市場經濟再怎麼動盪不安，但相較起來，衝擊女性對幸福的滿足感的程度仍然較低。調查還指出，男女幸福感的不同尤其在先進國家中更為明顯，研究也顯示，女性對未來的期望也抱持著相當樂觀，相較之下，男性變得比較

消極。當然，樂觀的心情會有更幸福的感受。

一個會營造和樂的氣氛的男生，絕對會帶給女方更大的幸福感受，那遠比金錢物質的堆疊來得令女人感到幸福滿滿。俗話說，「易求無價寶，難得有情郎」，這句中國經典古語，印證的正好是這篇國際研究的內涵。幸福無價，說的是內在的感情，比外在的物質條件，重要不知多少倍了。想提供幸福的男性朋友們，別把努力只停留在豐衣足食的層次，能提供女生的心靈船舶的停泊港灣，才是女性朋友的殷切所需！

20 夫「富」何求？

在一次授課的分組討論中，我玩笑式地丟了一個謎語讓學員猜。題目是：「夫『富』何求？猜一種身分。」

學員交頭接耳，也說了不少答案。但沒人答對。後來經我暗示後，有人終於大喊：「小三！」。

沒錯，答對了。丈夫有錢之後，飽暖思淫慾，期求的經常是婚外情的小三。男人有錢就變壞，女人變壞就有錢，似乎是顛仆不破的情場人性名言。

你一定聽過一種說法，戀愛是一種激情，科學家說，那是一種荷爾蒙或是大腦內的腦波變化作用。而且通常這是一種短期的效應，有一說是僅能維持兩年。兩年一過，激情的感覺就消失了。但對男人來說，無法長久保持的興奮戀愛感，或許反成了持續追逐小三婚外情的誘因與藉口，因而忘了糟糠之妻的可貴。

幸福不對稱論

荷蘭阿姆斯特丹心理學教授尼柯・弗里達進行了相關的研究，提出了所謂的《幸福不對稱論》。其內容是：快樂的感受存在時間短暫，容易消逝；但是消極的情緒，卻伴隨著環境反而存在更久。

確實，很多人懷疑愛情的保鮮期、效期到底多久？純粹只是心裡的感受、還是生理早就決定了我們愛情最濃郁的「賞味期」？根據弗里達的研究，似乎確實如此。愛情，似乎只是短暫的激情，當激情不再，愛情似乎就隨風而逝了。所以像是好萊塢的一句話說：「明星只有停不了的戀愛，沒有定下來的感情。」愛情很難像是影片的定格，會永遠固定在最動人的一刻。

但是，無須對愛情的褪色失望，因為生命中份量最重的部份，總是在最艱困時候發現，那會是長年相伴的恆久感情。二○一一年，日本經歷了恐懼的三一一大地震，有家媒體網路就調查，發現到大多數日本的婚外情者在地震中所撥打的第一通電話、發出的第一個手機簡訊，對象是給自己的配偶，而非小三。大難時候，才會驚覺最在乎的人原來不是野花，而是賞味期早過了的家花。

因此聽了弗里達的研究之後，也不要對愛情的易逝感傷與遺憾，愛情本來就是要經營的，也會有很多的考驗，和所有人世間的道理一樣，「患難見真情，日久見人心」，所以患難夫妻越是歷經艱苦的焠鍊，就越能有歷久彌堅的金石愛情。「現在的年輕人怎麼動不動就分手？哪像我們這一代的人對感情的堅貞！」長輩的類似感嘆，你一定不陌生。在他們動盪的年代，反而感情彌堅，恩愛逾恆，長伴一生。或許這就如弗里達的理論還提醒我們，要長效快樂的感情，其祕訣在於：「過去的你是否愛得夠艱辛」。越是艱難，越讓我們體會珍惜得來不易的情感，愛情也才會恆常而彌堅。你的愛情是否遇到難關了呢？不要氣餒，那反而是未來幸福的根源。

21

怨偶的殺手性格

「季老師，我同意離婚了。」曉涵搖搖欲墜的婚姻終於劃下休止符了。這段期間她一直非常努力，想盡可能修復她和先生之間的關係，朝向不離婚的方向而努力，尤其她念及兩個孩子仍在就學中，需要完整的家庭。「啊？你不是一直不同意離婚嗎？怎麼突然下了決心？」雖然私下早擔心曉涵這段脆弱感情，但又為她的堅守抱持一線希望。

「他說，我當初就是因為想改善家裡生活，供弟妹讀書，才會嫁給他，她說我當初還不是為了錢才同意結婚。」說到這裡，氣憤不已的曉涵淚珠如雨滴般地流下。「他怎可以這麼說？都結婚十年了，我為這個家盡心盡力，怎麼拿這句話來污蔑我的人格與感情？」她越說越難過。

曉涵因為家貧，畢業後一直非常努力想提升家裡的環境。當嫁給境遇頗富的先生後，家境確實有了很大的轉變。但曉涵也覺得先生為人坦率認真，這才同意了他的追求。但曉涵認為，什麼離婚的理由都可以說，卻不能以金錢來指摘她的感情態度，這傷到了她的容忍底限，於是點頭同意對方提出的離婚。

曉涵不理解的是，為什麼結婚十年，先生從沒提過的「金錢結婚論」，會突然說出，讓她自尊心大受傷害。彷彿放著最後一招，留中不發，等著最後關頭的使用。這在心理諮商案例中其實並不罕見，因為當現實、且不念舊情的一方狠心要離開時，為了避免尾大不掉，藕斷絲連，於是最毒、最傷對方的一句話就會出口了。而這句話並不難找，因為最親密的枕邊人也最清楚你的弱點與在乎。

很多人會說「這不過是絕交口出惡言，口無遮攔的惡性」罷了。是的，但以心理的角度分析，情況不盡相同。

會將最毒一句話留著的人，可能並不慣常地口出惡言，反而是出奇地冷靜平和，但他知道該說哪句話，會讓對方絕望而放手。而口出惡言者，則是讓你平時已經有心理準備，因為他的表現早已不堪共處。但平和，或是冷戰的情況，則會讓你懷抱仍有可為的期盼，但當你為了關係的彌補做盡努力時，那句最讓你在意、狠毒無比的語言，卻如背後來箭，令你猝不及防，錯愕、睜眼、詫異，最後含怒絕去。我告訴曉涵這就是殺手性格，當使出殺手鐗時，就是要讓對方一招斃命，斷絕你的一切努力與盼望。

結婚要找的三種對象

為什麼要等到那句最傷自尊的話出現，才此心已絕，不再留戀呢？

拖到最後的肥皂劇，既歹戲拖棚又不堪入目，不要等到這一刻的到來，才完全醒悟。在此前，對方的心念早已經昭然若揭了，儘管他並非口出惡言，但已有跡可循了，當機立斷，慧劍斬情絲儘管痛苦，但保有最後的表象和諧，甚至一點自尊與餘地，或許是退而求其次的最好選擇。換個角度思考，有人說：「結婚要找三種對象，你愛的人、愛你的人、可以一起生活的人。」如果這三項條件都不再符合，就不要為了其他莫名的世俗原因而屈就自己了。

22 高物慾共同觀不等於幸福

「同質性」與「互補性」，被認為是男女搭配的兩種模式。有人認為，前者的優點在於，彼此想法雷同，容易相互理解；後者的優點則是，則是彼此補足對方欠缺之處，反而有助於相處的融洽。

但相近的兩性，確實往往被認為有很高的相處理解的可能，因而容易增加幸福的程度。經常被認定的一種情況是：只要兩人的價值觀一樣，就容易幸福。確實，當男女兩人的價值觀近似，溝通就會相對容易，也會建立彼此默契，有助於生活的相處。但是，物質慾望太高的雷同，卻不在此說之列。

有三名美國研究人員分析了一千七百三十四對夫婦，目的是探討物質主義的價值差異對婚姻的影響。之後所得到的結論是：即使夫妻有相同的物質觀，「物質主義對婚姻品質，仍有負面的影響。」根據連串的研究分析，結論的報告說：「在幾個婚姻品質項目上，雙方都物慾不高的夫妻，比雙方或一方高物慾的夫妻來得幸福。」你讀懂這篇報告的結論了嗎？它說的是，太過重視物質層面的彼此，反而不會替幸福加

分。

「寧可在寶馬上哭泣，也不願在馬車上微笑」，這句以金錢物質為重的名言，一經說出，即引發熱烈議論。拜金、物慾等指摘不斷。但也有人認為「務實」。

這樣的拜金女，就算真找到富裕且同樣重視金錢物質的對象，彼此高物慾的共同價值觀，未必增加生活快樂。

金錢問題確實是相處的元素之一，所以古有名言：貧賤夫妻百事哀。但是過猶不及，都非幸事。當物慾太重，反而輕忽精神層面的生活與溝通，而幸福畢竟是心靈的感受，只重視物質的滿足，不是愛情經營之道，即若對方和你一樣重視物慾。研究也指出，物慾高的夫妻溝通較差，也向以較差負向的方式解決衝突。夫妻間的相處，關鍵是行為或態度，而不純粹是物質金錢。關於幸福，心靈的儲蓄，比物質的堆疊來得重要多了。

23 要幸福，找樂子

為什麼夫妻間常有七年之癢？從兩性心理學分析，難道真是野花比家花香嗎？其實未必，原因多是生活一成不變太久了。生活與互動一旦熟悉過頭了，感情就易降溫，婚姻就有生變之虞。如何可以常保愛情的恆溫呢？現代的夫妻因工作壓力大，身心俱疲，且枯燥無趣的婚姻生活也很容易在此時亮起紅燈。那該如何是好呢？美國丹佛大學的一項最新研究證明，若能兩人空出一點時間玩樂會有助於感情的維繫。

玩樂——愛情的保溫法

使婚姻幸福的祕密為什麼是玩樂呢？從一九九六年起就有學者帶領團隊進行這項研究，研究單位是丹佛大學霍華德．馬爾克曼教授的研究團隊，他們針對當地三百零六對夫妻進行調查，而後選了結婚將近兩年的一百九十七對夫妻進行研究分析，專家從研究的結果發現，一起玩樂的夫妻因為減輕煩惱與壓力，這會促使兩個人的感情增溫深濃。

玩樂的化學要素是什麼？為什麼能催化感情呢？以男生為例，馬爾克曼教授說：在玩樂時，男性總愛把另一半視為最好的夥伴，無論逛街吃東西或買東西，都不厭煩的邀約另一半，即使是一起淋雨，有另一半在身邊總是覺得幸福，而這遠比公司應酬還來的更有意義。

但男女的玩樂方式也有所不同，男性喜歡稍微動態的活動，像是一起遊戲或戶外郊遊踏青等；而女性就偏好較靜態的活動，如與伴侶聊天或是兩人在家做點心。男女對活動（玩樂）的觀念是有不同的，比方說，就像約會。

馬爾克曼說，對「約會」的定義男女並不相同。女性約會是需要完善的規劃，不僅時間與流程要妥善安排，且希望安排裡要有不同的驚喜；而男性認為約會自然就好，只求見機行事、隨性所至！但無論靜態或動態，觀念或有差異，不過兩人一起玩樂都有助於感情的增加。這應了一句名言，對一對情侶來說，「在一起」比「在哪裡」更重要。

名著《小王子》的作家艾修伯里有一句話說，『愛不是彼此凝視，而是向外往同一方向望去。』確實如此，夫妻對看久了，新鮮感沒了，感情就降溫了。若能向外，找尋有益身心的活動，心情一好，就會感覺幸福，這就是玩樂帶來的生活與情趣的變化。英文諺語說：「變化是生活的調味料。」（Variety is the spice of life.）確屬智慧之言。否則，再幸福的婚姻若一成不變，也會枯燥乏味。若兩人能時常在假日時出門散心，或來個瘋狂的蜜月露營，就算年紀大了也會跟年輕人一樣恩愛甜蜜。記得，要幸福，就多找樂子。

24 木桶擇偶論

【暈輪效應】

心理學有個名詞是暈輪效應。是指人際交往中，某人身上的某一方面特徵，掩蓋其他特徵，造成了認知的障礙。知名故事是俄國的大文豪普希金。大文豪瘋狂地愛上了被稱為「莫斯科第一美人」的娜坦麗，並且兩人結了婚。然而，儘管娜坦麗容貌美麗，但兩人性情迥異。每當普希金將寫好的詩讀給她聽時，她總捂著耳朵不想聽，只希望普希金陪她遊樂。大文豪遇到時尚跑趴女，荒廢了創作，且負債累累，甚至最後還為她決鬥而死。美貌遮蓋了普希金對娜坦麗的認識，誤以為美女品格同樣高潔，就像月暈遮掩了清晰的輪廓。

【故事一】讀過一本書，其中美國作者提到其母親的擇偶學。他的母親的客觀條件比其父親略勝一籌。但其母親在眾多追求者中，最後選擇了他的父親。理由是父親的真誠，而且對每一個外人都和善友好。相對地，其他追求他母親的人經濟能力好、外型佳，但是一起去餐廳約會時，這些人經常對侍者的說話比較冷，而且表情也很嚴峻，轉個身就變副臉，只有在與他母親說話時，才堆滿一臉的笑意。所以他母親日後告訴他，當一個人只對追求對象好時，是令人疑慮的。因為有天當愛情濃度消退時，那麼對方就可能把自己當成路人一樣冷漠地對待了。「對第三者的態度」就是檢視追求者的很好標準。

【故事二】我在歐洲的時候，曾遇見一位朋友。她的愛情原本令人稱羨，對象的一切條件都相當好，從世俗眼光看，這是一門絕佳的好婚姻。沒想到，婚後，朋友的先生因為經商不如意，於是開始將怨氣發洩在朋友身上，一些惡行惡狀紛紛出爐，大出朋友的意料之外。這些婚前絕對想像不到的舉止，竟會由她先生演出，婚前婚後兩個樣。事後檢討起來，朋友說，壞的性格或許有跡可循，但都怪婚前只放大優點，漠視缺點，沒想到缺點才是婚姻最大的隱藏風險與地雷。

愛情的盲目

兩個故事的女人，讓我發出了以下的疑問：你和聰明的女人距離有多遠？答案就在於觀人術。多數的女人會因為愛情蒙蔽了理智，放大對方優點，明知卻隱匿對方缺點。

曾經有神經科學家做過一個實驗，他以剛度完蜜月的新郎作為測試對象，將新婚不久的妻子影像投射在影幕上，藉以觀察新郎的大腦變化情況。結果發現，腦部的正向反饋系統出現活躍的情況，而腦中原本負責分析批判的區域卻受到了壓抑。實驗證明了，愛情確實會使人盲目，只看優點，忽略缺點。洛杉磯加利福尼亞大學的心理學教授和研究小組也認為，熱戀中的人對其他事物的了解與狀況變得比較遲鈍與不關心，愛情使他們蒙蔽了自己的眼睛與感觀。這是何以「情人眼裡出西施」的原因。

木桶論

然而，婚姻不幸福的關鍵正是缺點所主導。我的一位老師曾經用一理論來形容這種情境，非常值得女性朋友的體認。老師說：「婚姻或是兩性相處，就像是用幾片木材箍成的木桶。每片木材都必須要磨修得宜，才能緊密相連，連成一器作裝盛之用。就像兩性彼此要調整自己的性格，不宜有太多的菱角，才能相處和樂。」老師還說：「這個木桶能裝多少的酒，並非由最長的木片決定，相反地，是由最短的木片決定。因為只要有一個木片太短，酒就流掉了。同樣的道理，看一個人就像是看木桶的最短處，只要短木片不影響盛酒的設定容量，那短處就可以接受。」

我一直謹記著這位老師說的木桶論。儘管我們都說要多看他人的優點，但是在婚姻與愛情路上，卻更要謹慎研判，因為任何的失算都可能輸掉了一生的幸福。如果，婚前對方有個缺點，你選擇了忽略，那麼婚後，當缺點開始凸顯放大時，或許就後悔莫及了。木桶論，絕對是婚前很重要的心理建設。

【後記】

愛情世界的兩人，彷若是像位在天橋的兩端，看似在共同軌跡上彼此依存，但地理距離很近、心理距離卻常常很遠，像共處在看著卻構不著的虛擬實境。所以有人感慨卻生動地比喻說，「魚和鳥可以相戀，但在哪裡築巢呢？」熟悉卻又陌生的感覺，是無數世間男女的共同感受。

是的，相戀的兩人，就像魚和鳥，各有習存的空間，天各一方，而儘管愛情沒有界線，只要打破世俗藩籬，心意相通、彼此默許，愛情就能孕育。只是，共處在愛的世界，卻又有各種無以名狀的隔閡，找不到心意契合的安心默契。隔閡與不解，是讓兩人相愛容易、相處卻難的枷鎖，於是祈願這本兩性愛情心理學書籍，能在反覆咀嚼與思索中，為你／妳解開枷鎖，撥開迷霧，洞見愛情相處的微妙與純真。

女人是男人的學校，
一個好男人透過一個好女人走向良好的人生……
所以我們說，
男人創造世界，女人創造男人。

國家圖書館出版品預行編目資料

兩性心理72變：幸福不會來敲門，愛你的人總在心靈深處／季璐作－－初版．－－ 新北市：華志文化，2014. 10
面；　公分．－－（全方位心理叢書；03）
ISBN　978-986-5936-95-2（平裝）

1.成人心理學　2.兩性關係

173.3　　103017000

華志文化事業有限公司
書名／兩性心理72變：幸福不會來敲門，愛你的人總在心靈深處
系列／全方位心理叢書 003

作者　季璐
執行編輯　林雅婷
美術編輯　簡郁庭
封面設計　黃雲華
文字校對　陳麗鳳
企劃執行　康敏才
總編輯　黃志中
社長　楊凱翔
出版者　華志文化事業有限公司
電子信箱　huachihbook@yahoo.com.tw
地址　116 台北市文山區興隆路四段九十六巷三弄六號四樓
電話　02-22341779
印製排版　辰皓國際出版製作有限公司

總經銷商　旭昇圖書有限公司
地址　235 新北市中和區中山路二段三五二號二樓
電話　02-22451480
傳真　02-22451479
郵政劃撥　戶名：旭昇圖書有限公司（帳號：12935041）
電子信箱　s1686688@ms31.hinet.net

出版日期　西元二〇一四年十月初版第一刷
售價　二六〇元

華志文化

華志文化

華志文化

華志文化